Kauderwelsch
volume 121

Maibaum

Cathérine Raisin

Allemand — mot à mot

REISE KNOW-HOW Verlag Peter Rump GmbH
Osnabrücker Str. 79, D-33649 Bielefeld
info@reise-know-how.de

3ème édition 2015

Adaptation Michael Blümke
Mise en page Christine Schönfeld
Conception de la mise en page Günter Pawlak, FaktorZwo! Bielefeld
Couverture Peter Rump
Cartographie Iain Macneish
Photos Susanne Muxfeldt, Hans-Jürgen Fründt, Gabriele Kalmbach,
Impression et reliure Daniel Krasa, Christine Schönfeld, Bielefeld Marketing GmbH, Fotolia.com (Nachweis am Bild)
Werbedruck GmbH Horst Schreckhase, Spangenberg

ISBN 978-3-8317-6435-8
Imprimé en Allemagne

Cet ouvrage est disponible dans toutes les librairies en Allemagne, Suisse, Autriche et aux pays du Benelux.
Veuillez informer votre libraire des distributeurs suivants:

Allemagne Prolit GmbH, Postfach 9, 35461 Fernwald (Annerod)
Suisse AVA-buch 2000, Postfach 27, CH-8910 Affoltern
Autriche Mohr Morawa Buchvertrieb GmbH, Sulzengasse 2, A-1230 Wien
Belgique & Pays-Bas Willems Adventure, Postbus 403, NL-3140 AK Maassluis
directement Si toutefois vous n'arrivez pas à vous procurer nos livres, vous pouvez les obtenir directement:
http://www.reise-know-how.de

Ce livre est accompagnée de matériel audible additionel, également disponible dans toutes librairies en Allemagne, Suisse, Autriche et aux Pays du Benelux.
Nous voudrions élargir la gamme Kauderwelsch et nous sommes à la recherche des auteurs! Vous trouverez des informations ultérieures (en Allemand) sous:
https://www.reise-know-how.de/verlag/mitarbeit

Kauderwelsch

Cathérine Raisin

Allemand

mot à mot

Pour Malo, Jacques,
Monique et Véro.

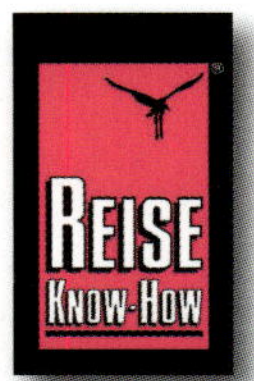

REISE KNOW-HOW
dans l'Internet
www.reise-know-how.de
info@reise-know-how.de

Enfin des guides linguistiques différents!

Pourquoi? Tout simplement parce qu'ils vous mettent vraiment dans la situation de quelqu'un qui parle et qui comprend; et ce, non seulement en vous soumettant du vocabulaire, des exemples de phrase etc..., mais aussi, et c'est là toute l'originalité des guides «Kauderwelsch», en mettant un point d'honneur sur une approche facile de la langue.

La grammaire: Seul le strict minimum est présenté. Juste de quoi construire des phrases simples et succinctes pour se faire comprendre et commencer à converser sans s'encombrer de règles de grammaire compliquées et rébarbatives.

La traduction «mot à mot»: Chaque fois qu'un exemple de phrase apparaît, un sous-titre de traduction mot-à-mot vous est donné. Ceci met en évidence le système de construction de phrase de la langue étrangère. Vous pourrez de même remplacer un mot par un autre, approprié à la situatuion rencontrée, pour exprimer ce que vous voudrez.

Les auteurs de ces guides sont des globe-trotters qui ont appris seuls la langue dans le pays étranger. Aussi savent ils de quoi et comment parle monsieur «tout-le-monde» dans le pays visité. En effet, comme dans les pays francophones, le language de tous les jours s'apparente peu à celui de la littérature...

Enfin, les guides «Kauderwelsch» soulignent les attitudes à avoir, la connaissance des gestes, des signes et du savoir vivre, sans lesquels il est impossible d'avoir de bons contacts avec les gens que l'on rencontre.

Pour tout dire, les guides «Kauderwelsch» ne sont pas des livres apprenant des langues mais sont bien plus que des guides linguistiques! Avec eux, en investissant un peu de temps et en assimilant quelques mots de vocabulaire, vous pourrez, en un temps record, étonner les globe-trotters les plus accomplis!

Sommaire

Grammaire

Sommaire

Conversation

Appendice

Foto: Susanne Muxfeldt

La plage de Travemünde

Au lecteur

Le tourisme, les affaires, les connaissances ou tout simplement la curiosité, vous amèneront sans doute à séjourner en Allemagne ou dans un pays germanophone tel que l'Autriche ou la Suisse. Hélas souvent, bien loin sont les souvenirs des leçons d'allemand à l'école! Peut-être même n'avez vous jamais été initiés à cette langue?

Voici un petit manuel conçu pour vous. Grâce à lui, vous pourrez immédiatement dialoguer sans vous tracasser des règles grammaticales rébarbatrices et compliquées. Si toutefois vous voulez mieux comprendre le fonctionnement de la langue allemande, toute une partie du livre est consacrée à la grammaire, présentée de manière épurée pour que vous n'en reteniez que l'essentiel. En ce qui concerne la prononciation des mots, là encore, pas besoin de connaître le système phonétique traditionnel: Laissez vous guider tout simplement ...

Bon voyage!

Cathérine Raisin

Comment utiliser ce manuel

Ce manuel de la collection «Kauderwelsch» présente trois parties:

grammaire

La grammaire - Afin de simplifier au maximum cette approche de la langue allemande seules les règles de grammaire primordiales seront présentées. De même, un certain nombre d exceptions et d'írrégularités seront mises de côté. Il vous est possible aussi d'ignorer ce chapitre pour commencer directement la conversation, quitte à revenir ensuite, si besoin il y a, sur certains points grammaticaux.

conversation

La conversation - Dans ce chapitre, vous trouverez des phrases allemandes empruntées à la vie de tous les jours, qui vous donneront un bon aperçu du fonctionnement de cette langue. Pour vous permettre de les prononcer correctement, elles seront transcrites en écriture phonétique simplifiée (explication p. 11).

La traduction «mot à mot» vous permettra très vite de former des phrases. Il vous sera donné les tournures de phrases types et vous n'aurez plus qu'à calquer le vocabulaire approprié pour exprimer ce que vous voudrez, selon les situations rencontrées. Pour faciliter cela, les exemples de phrases seront répartis par thèmes: rencontrer, demander, approuver, etc... Avec un peu d'imagination et de courage, vous pourrez «construire» vos propres phrases et vous faire comprendre, même si le caractère grammatical n'est pas toujours correct.

vocabulaire

Vocabulaire - Dans ce dernier chapitre, vous trouverez deux grands registres de mots. Il s'agit d'un millier de mots traduits en allemand/français et en français/allemand à l'aide desquels vous pourrez exprimer une foule de choses. Il vous sera fait de même un rappel des principaux verbes irréguliers à l'infinitif, au prétérit (imparfait) et au passé composé.

traduction mot à mot

Chaque langue possède un système de construction de phrase qui lui est propre. Pour bien saisir la différence entre la construction d'une phrase française et celle d'une phrase allemande, une traduction mot à mot sera toujours indiquée en petit caractère. A chaque mot allemand correspondra son équivalent en français. Si un mot allemand se traduit par deux (ou trois) mots français, ces deux ou trois mots seront liés par un trait d'union; par exemple:

Einen Orangensaft, bitte.
un oranges-jus, prière
un jus d'orange, s'il vous plaît.

Si deux mots allemands peuvent être employés dans une même phrase, ils seront séparés d'une barre transversale (slash):

Ich bin Franzose / Französin.

En allemand, les substantifs, les adjectifs, les noms, etc... se déclinent. Un petit numéro suivant le mot décliné indique à quel cas il est (voir au chapitre «les cas»). Si il n'y a pas de numéro, cela signifie nominatif; le ² signifie génitif; le ³ signifie datif et le ⁴ signifie accusatif.

Ich kenne den Mann[4] nicht.
Herr Müller hilft seiner Frau[3].

Le rabat de la couverture

Petit mais précieux, le rabat de la couverture vous permettra d'avoir à tout moment un rappel des expressions et des phrases principales. D'autre part, c'est un rappel des noms et pronoms les plus employés.

Une fois ouverte, la couverture présente un résumé des «tournures» de phrases types. Il ne vous restera plus qu'à les combiner avec le vocabulaire se trouvant dans chacun des chapitres et en fin du livre.

Si toutefois c'est l'impasse, peut-être que le paragraphe «... et si vous ne comprenez pas» vous sera d'un ultime secours. Tout près, dans le rabat de la couverture, vous y trouverez des phrases clefs telles que «je ne comprends pas, dommage» ou «vous pouvez répéter, s'il vous plaît ?»

Les nombres

Pour vous familiariser avec les nombres, sur chacune des pages, le numéro de la page est aussi écrit en toutes lettres.

Prononciation et accentuation

La prononciation des 26 lettres de l'alphabet allemand diffère souvent de la langue française. Aussi, vous trouverez dans ce livre un système de phonétique simplifié qui vous aidera à bien prononcer ces mots. Il ne vous est pas nécessaire de connaître le système phonétique classique.

Les ä, ö et ü n'existent pas en français. En allemand, ces trémas sont appelés «Umlaute». Non seulement ils détiennent un rôle grammatical important, mais en plus, ils changent radicalement le son de la voyelle. Il est donc important de bien les étudier pour éviter d'être éventuellement incompris si l'on prononce un ä comme un a, un ö comme un o ou un ü comme un u.

Le ß (ê/s tsê/t), lui non plus n'existe pas en français. Il se prononce comme 2 «s» (dans notre système phonétique, comme s).

En allemand, les sons «en», «un», «in», «on», «et» (prononcé ê), «er» (prononcé é) et «es» (prononcé è) n'existent pas. Lorsque vous verrez apparaître deux lettres séparées d'une barre transversale / (slash), cela signifiera que chaque lettre sera prononcée pour elle-même. Cependant, les deux lettres restent liées. Par exemple:

Mutter	moute/r	mère
es	ê/s	il, elle

Prononciation et accentuation

Attention, pour éviter que ge et gi soient prononcés comme «je» et «ji», on a fait appel, dans le système phonétique, au «u». Ainsi, ge est prononcé «gue», gi est prononcé «gui». Quelquefois les voyelles sont prononcées de manière longue dans le mot allemand. Pour signaler cela, la voyelle en question sera soulignée. Par exemple: sagen (dire) sera noté dans ce système phonétique <u>za</u>gue/n.

Les voyelles

Notez que les voyelles doublées ou suivies d'un h sont prononcées de manière longue. On les a soulignées d'un trait dans le système phonétique. Par exemple: leeren lé/re/n (vider).

Dans la première colonne du tableau qui suit, vous trouverez les lettres ou syllabes allemandes; dans la seconde, la prononciation en français seulement.

lettre / syllabe	équivalent français	prononciation en allemand	exemple
a	a	«a» comme dans parler	**lachen** larhe/n (rire)
ai	aï	«aï» comme dans haïr	**Kaiser** kaïze/r (empereur)
ay	«		**Bayern** baïe/rn (Bavière)
ei	«		**Bein** baï/n (jambe)
au	ao	«ao» comme dans naomi	**Pause** paoze (pause)
e	e	«é» presque inaudible comme dans chambre	**fallen** fale/n (tomber)
e	é	«é» comme dans mélange	**Telefon** téléfô/n (téléphone)
e	ê	«ê» comme dans être	**Bett** bê/t (lit)
ä	«		**Männer** mêne/r (hommes)
äu	oï	«oï» comme dans Loïc	**täuschen** toïche/n (tromper)
eu	«		**beugen** boïgue/n (courber)
i	i	«i» comme dans prix	**Idee** idé (idée)
o	ô	«ô» comme dans hôtel	**Monat** mô/nat (mois)
o	o	«o» comme dans note	**Gott** go/t (Dieu)
ö	eu	«eu»	**öffnen** eufne/n (ouvrir)
u	ou	«ou» comme dans loup	**Mutter** moute/r (mère)
ü	u	«u» comme dans pur	**fünf** fu/nf (cinq)
y	«	«	**Lyrik** lurik (lyrique)

Prononciation et accentuation

Les consonnes

lettre / syllabe	équivalent français	prononciation en allemand	exemple
b	b	«b» comme dans belle	**bunt** bou/nt (coloré)
c	k	«c» est prononcé de manière plus percussive qu'en français, comme k	**Café** kafé (café) **Chlor** klôr (chlore) **Ecke** êke (angle, coin)
tsch	tch	«tch» comme dans tchèque	**deutsch** doïtch (allemand)
c	«		**Cello** tchêlô (violoncelle)
ch	ch'	«ch» prononcé de manière plus douce qu'un ch, la bouche plus ouverte	**ich** ich' (je) **wenig** vénich' (peu)
ch	rh	prononcé comme un r suivi d'un léger souffle	**lachen** larhe/n (rire)
f	f	comme dans fort	**Foto** fôtô (photo)
ph	«		**Physik** fuzik (physique)
v	«		**Vater** fate/r (père)
ge	gue	comme dans guenille	**gern** guê/rn (volontiers)
gi	gui	comme dans guide	**Giraffe** guirafe (girafe)
h	h	le h allemand est audible! le prononcer la bouche ouverte, comme un souffle	**Haus** haôs (maison)
j	i	«i» comme dans hiérarchie	**ja** ia (oui)
qu	cv	prononcé comme cuvette sans u	**Qualität** cvalitê/t (qualité)
s	z	«z» comme dans zoo	**singen** zi/ngue/n (chanter)
s	s	«s» comme dans bus	**Bus** bou/s (bus)
ß	«		**Fuß** fou/s (pied)
ss	ss	«ss» comme dans basse	**Wasser** vasse/r (eau)

ch	ch	«ch» comme dans chef	**Chef** chêf (chef)
sch	«	prononcé comme chapeau sans le premier a	**Schule** chule (école)
sp	chp	comme chaton sans le a	**Sport** chɔôr/t (sport)
st	cht	comme chaton sans le a	**Stuhl** chtoul (chaise)
d	t	«t» comme tourner	**Hund** hou/nt (chien)
dt	«		**Stadt** ch:at (ville)
t	«		**Tag** tag (·our)
th	«		**Theater** téate/r (théâtre)
v	v	«v» comme dans voiture	**Vase** vaze (vase)
w	«		**wo** vô (où)
x	x	«x» comme dans extra	**Hexe** hêxe (sorcière)
chs	«		**Lachs** lax (saumon)
c	ts	«ts» comme dans tsigane	**Celsius** tselziou/s (celsius)
z	«		**Zahl** tsal (numéro)
tz	«		**Satz** zats (phrase)

L'orthographe

Non seulement les débuts de phrases et les noms propres mais aussi les noms communs prennent une majuscule.

Der Hund läuft in den Garten[4].
dê/r hou/nt loïft i/n dé/n garte/n
le chien court dans le jardin
Le chien court dans le jardin.

Ich begrüße Frau Müller[4].
ich' begrusse fraô mule/r
je accueille Madame Muller
J'accueille Madame Muller.

Wir kaufen alle Lebensmittel[4] auf dem Markt[3].
vir kaôfe/n ale lébe/nsmitel aôf dé/m ma/rkt
nous achetons tous vie-moyen sur le marché
Nous achetons toute la nourriture sur le marché.

Les mots qui dépannent

Wo ist ...?

Wo ist ...?
vô ist ...?
Où est ...?

Wo ist die Polizei?
vô ist di pôlitsaï?
où est la police?
Où est la police?

Wo ist die Toilette?
vô ist di toualête?
où sont les toilettes?
Où sont les toilettes?

Wo ist das Krankenhaus?
vô ist da/s Kra/nke/nhaôs?
où est le hôpital?
Où est l'hôpital?

ein Hotel	aï/n hôtel	un hôtel
eine Bank	aï/ne ba/nk	une banque
eine Apotheke	aï/ne apôtéke	une pharmacie
ein Restaurant	aï/ne rêstora/nt	un restaurant
der Bahnhof	dê/r ba/nhôf	la gare
die Botschaft	di bôtchaft	l'ambassade
der Flughafen	dê/r floukafe/n	l'aéroport
die Post	di post	la poste
hier	hir	ici
da / dort	da / dort	là / là-bas
links	li/nks	à gauche
rechts	rêchts	à droite
geradeaus	gue/radeaô/s	tout droit
zurück	tsouruk	en revenant
neben	nébe/n	à côté
gegenüber	guégue/nube/r	en face
vor / hinter	for / hi/nte/r	devant / derrière
nah / weit	na / vaït	près / loin

an der Ampel	a/n dê/r a/mpel	au feu (de signalisation)
an der Ecke	a/n dê/r êke	au coin
an der Kreuzung	a/n dê/r kroïtsou/ng	au carrefour

Ich möchte ...

Ich möchte ...Ich möchte ein Zimmer.
ich' meuchte...ich' meuchte aï/n tsime/r
Je voudrais ...Je voudrais une chambre.

Ich möchte telefonieren.
ich' meuchte téléfônire/n
Je voudrais téléphoner.

Ich möchte zahlen, bitte.
ich' meuchte tsale/n, bite
Je voudrais payer, s'il vous plaît.

Haben Sie ..?

Haben Sie ...?
habe/n zi ...?
Avez-vous ...?

Haben sie ein freies Zimmer?
habe/n zi aï/n fraïe/s tsime/r?
Avez-vous une chambre libre?

Haben sie Postkarten?
habe/n zi postkarte/n?
Avez-vous des cartes postales?

Gibt es ...?

Gibt es ...?
gibt ê/s ...?
Y a-t-il ...?

Gibt es noch einen freien Platz?
gibt ê/s nor aï/ne/n fraïe/n plat/s?
Y a-t-il encore une place libre?

Gibt es noch freie Plätze?
gibt ê/s nor fraïe plêtse?
Y a-t-il encore des places libres?

Ja, gibt es.
ia, gibt ê/s
Oui, il y en a.

Nein, gibt es nicht.
naï/n, gibt ê/s nicht
Non, il n'y en a pas.

Wieviel kostet ...?

Wieviel kostet ...?
vifil koste/t ...?
Combien coûte ...?

Wieviel kostet die Fahrkarte?
vifil koste/t di farkarte?
Combien coûte le billet/ticket?

Wieviel kostet alles zusammen?
vifil koste/t ales tsouzame/n?
Combien fait le tout?

Wieviel kostet das da?
vifil koste/t da/s da?
Combien coûte cette chose là?

Contrairement à la langue française, on distingue trois genres grammaticaux : le masculin, le féminin et le neutre.

der Mann (m)	dê/r ma/n	l'homme
die Frau (f)	di fraô	la femme
das Kind (n)	da/s Ki/nt	l'enfant

Comme en français, les articles ou les prépositions déterminent le genre des noms communs. Cependant, certaines terminaisons sont propres au masculin, au féminin et au neutre.

masculin
-and, -ant, -är, -ast, -ich, -ig, -iker, -ikus, -ismus, -ist, -or, -s-
féminin
-a, -ade, -age, -anz, -tion, -ei, -heit, -ie,-in, -ik, -(i)tät, -keit, -schaft, -sis, -ung, -ur
neutre
-chen, -ett, -icht, -in, -ing, (i)um, -lein, -ment, -tel, -tum

der Mo-tor (m)	dê/r môtôr	le moteur
die Kult-ur (f)	di koultour	la culture
das Mäd-chen (n)	da/s mêdche/n	la fille
der Kön-ig (m)	dê/r Keu/nig	le roi
die Mus-ik (f)	di mouzik	la musique
das Benz-in (n)	da/s bê/ntsi/n	l'essence

der Tech-niker (m)	dê/r têch'nike/r	le technicien
die Schön-heit (f)	di cheu/nhaït	la beauté
das Ele-ment (n)	da/s élémê/nt	l'élément

masculin	féminin	neutre
singulier		
der dê/r le	**die** di la	**das** da/s le
ein aï/n un	**eine** aï/ne une	**ein** aï/n un
pluriel		
die di les	**die** di les	**die** di les

Contrairement au français, l'article indéfini pluriel n'existe pas. On utilise alors le mot einige (quelques):

einige Männer / Frauen / Kinder
aïnigue mêne/r / fraôe/n / ki/nde/r
quelques hommes / femmes / enfants

Le pluriel

En allemand, il n'existe pas, hélas, de règle simple en ce qui concerne les terminaisons au pluriel. Pire, il y a énormément d'irrégularités. Il est donc préférable de les apprendre. Dans les listes de mots classés par thèmes, les pluriels sont indiqués systématiquement.

Au nominatif, on note cinq terminaisons différentes : e, en, er, s et l'absence de terminaison. Ci-dessous, des tirets précèdent les terminaisons pour les distinguer clairement.

Attention, ces tirets n'existent pas normalement dans l'allemand écrit.

-e	-en	-er	-s	absence de terminaison
Bäum-e	**Frau-en**	**Männ-er**	**Auto-s**	**Fenster**
boï/me	fraôe/n	mê/ne/r	aôtô/s	fê/nste/r
arbres	femmes	hommes	autos	fenêtres

Dans certains cas, le pluriel se marque aussi par un tréma sur la voyelle principale du mot. Par exemple:

a > ä	**der Mann** dê/r ma/n l'homme	**die Männer** di mêne/r les hommes

Voyelles pouvant être pourvues d'un tréma :

a > ä	**die Hand** di ha/nt la main	**die Hände** di hê/nde les mains
o > ö	**das Dorf** da/s dorf le village	**die Dörfer** di deurfe/r les villages
u > ü	**der Fluss (*)** dê/r flou/s le fleuve	**die Flüsse** di flusse les fleuves
au > äu	**der Baum** dê/r baô/m l'arbre	**die Bäume** di boïme les arbres

Le tréma est une des propriétés de la langue allemande. Il n'existe pas de règle systématique qui indique ou non sa présence. On rencontre de même le tréma dans certains verbes et adjectifs (voir aussi chapitres «le verbe», «l'adjectif»).

L'adjectif

Une série d'adjectifs compléments se trouve dans la liste de vocabulaire.

Les adjectifs allemands ont plusieurs fonctions. Ils peuvent être employés en complément de chose ou dans les phrases en compagnie du verbe «être». Dans ces cas, ils sont invariables.

Der Mann / die Frau / das Kind ist glücklich.
dê/r ma/n / di fraô / da/s ki/nt ist gluklich'
l'homme/la femme/l'enfant est heureux(-se).

L'adjectif précède toujours le substantif auquel il se rapporte.

En tant qu'attribut devant un substantif, l'adjectif est doté de terminaisons particulières. Pour cela, il faut distinguer si le substantif est accompagné d'un article défini ou d'un article indéfini, s'il est masculin, féminin ou neutre.

	avec un article défini		avec un article indéfini	
	singulier	pluriel	singulier	pluriel
m	-e	-en	-er	-e
f	-e	-en	-e	-e
n	-e	-en	-es	-e

der gut-e Freund
dê/r goute froï/nd
le bon ami

die gut-e Freundin
di goute froï/ndi/n
la bonne amie

das gut-e Mädchen
da/s goute mêdche/n
la bonne fille

ein schlecht-er Tag
aï/n chlêchte/r tag
un mauvais jour

eine lange Straße
aïi/ne la/ngue chtrasse
une longue rue

ein klein-es Zimmer
aï/n klaï/ne/s tsime/r
une petite chambre

die gut-en Freunde	**gut-e Freunde**
di goute/n froï/nde	goute froï/nde
les bons amis	de bons amis

Adjectifs les plus courants:

klein klaïn petit(e)	**groß** grô/s grand(e)
schön cheu/n beau, belle	**hässlich** hêslich' laid(e)
gut gou/t bon(ne)	**schlecht** chlêcht mauvais(e)
lecker lêke/r délicieux(se)	**widerlich** vide/rlich' répugnant(e)
kurz kourts court(e)	**lang** la/ng long(ue)
hoch hôr haut(e)	**tief** tif profond(e)
wenig vénich' peu	**viel** fil beaucoup
voll fol plein(e)	**leer** lé/r vide
einfach aï/nfar simple	**schwierig** chvirich' difficile
leicht laïcht léger(ère)	**schwer** schvé/r lourd(e)
dick dik gros(se)	**dünn** du/n mince
jung iou/ng jeune	**alt** alt agé(e)
neu noï neuf(ve)	**alt** alt vieux, vieille
arm arm pauvre	**reich** raïch riche
langsam la/ngza/m lent(e)	**schnell** chnêl rapide
sauber zaôbe/r propre	**schmutzig** chmoutsich' sale
richtig rich'tich' vrai(e)	**falsch** falch faux, fausse
hell hêl clair(e)	**dunkel** dou/nkel sombre
nah na près	**fern / weit** fê/rn / vaït lointain(e)/loin

Pour obtenir le contraire d'un adjectif (par exemple lorsque l'on ne connaît pas le mot exact), il suffit de précéder l'adjectif de nicht:

nicht sauber	**nicht hoch**
nicht zaôbe/r	nicht hôr
pas propre	pas haut

L'évolution de l'adjectif

Le comparatif se forme en ajoutant er à l'adjectif. On ne peut pas décliner un comparatif, il est régulier.

Dans la traduction «mot à mot» on note la marque du comparatif en terminant l'adjectif par *-COMP.*

Le comparatif

wenig vénich' peu	**weniger** vé/nigue/r moins
modern môdêr/n moderne	**moderner** môdê/rne/r plus moderne
schnell chnêl rapide	**schneller** chnêle/r plus rapide

Das Auto fährt schneller.
da/s aôtô fê/rt chnêle/r
la auto roule rapide-COMP
L'auto est plus rapide.

Das ist moderner.
da/s ist môdê/rne/r
ça est moderne-COMP
Elle est plus moderne.

La plupart des adjectifs mono-syllabiques qui comprennent un a, un o ou un u prennent un tréma au comparatif.

Une exception: les adjectifs qui ont déjà un tréma le conservent au comparatif. Les adjectifs qui eux comprennent une diphtongue n'ont pas de tréma au comparatif.

alt alt agé(e)	**älter** êlte/r plus âgé(e)
groß grô/s grand(e)	**größer** greusse/r plus grand(e)
jung iou/ng jeune	**jünger** iu/ngue/r plus jeune
schön cheu/n beau, belle	**schöner** cheu/ne/r plus beau, belle
laut laôt bruyant(e)	**lauter** laôte/r plus bruyant(e)
neu noï neuf(ve)	**neuer** noïe/r plus neuf(ve)

le comparatif est employé comme attribut pour un substantif, la terminaison de l'adjectif sera changée (voir au chapitre «l'adjectif»).

die schöner-e Frau
di cheune/re fraô
la plus jolie femme

die fleißiger-en Schüler
di flaïssigue/re/n chule/r
les écoliers les plus travailleurs

ein kleiner-es Haus
aï/n klaï/ne/res haô/s
une plus petite maison

Le superlatif

Pour obtenir le superlatif, il suffit d'ajouter à l'adjectif les terminaisons st ou est (si l'adjectif se termine par -d, -t, -s, -z). Si l'adjectif est déjà doté d'un tréma au comparatif, il le gardera aussi au superlatif.

schneller	**schnellst- (*)**
chnêle/r	chnêlst
plus rapide	(le, la, les) plus rapide (s)

härter	**härtest- (*)**
hê/rte/r	hê/rte/st
plus dur	(le, la, les) plus dur (s)

Si l'on veut utiliser le superlatif comme un adverbe, il suffit d'ajouter au superlatif formé comme ci-dessus la terminaison -en *et de précèder le mot de* am. *Cette forme est régulière.*

(*) Les superlatifs formés comme ci-dessus auront la même terminaison qu'un adjectif.

das schnellst-e Auto	**der härtest-e Stahl**
da/s chnêlste aôtô	dê/r hê/rte/ste chtal
l'auto la plus rapide	l'acier le plus dur

dieses Auto ist am schnellsten
dize/s aôtô ist a/m chnêlste/n
cette auto est la plus rapide

diese Autos sind am schnellsten
dize aôtô/s zi/nt a/m chnêlste/n
ces autos sont les plus rapides

Il existe cependant des formes irrégulières de superlatif; elles concernent des adjectifs les plus importants:

gut gou/t	bien, bon(ne)
besser bêsse/r	mieux, meilleur(e)
am besten a/m bê/ste/n	(le, la, les) mieux, meilleur(e, s)
hoch hôr	haut(e)
höher heue/r	plus haut(e)
am höchsten a/m heukste/n	(le, la, les) plus haut(e, s)

La comparaison

Ich bin so groß wie du.
ich bi/n zô grô/s vi dou
je suis comme-ça grand comme tu
Je suis aussi grand que toi.

Tina ist so alt wie ich.
tina ist zô alt vi ich'
tina est comme-ça âgée comme je
Tina est aussi âgée que moi.

Tina ist jünger als ich.
tina ist iu/ngue/r als ich'
tina est jeune-COMP que je
Tina est plus jeune que moi.

Marc spricht lauter als Klaus.
mark chpricht laôte/r als klaô/s
marc parle fort-COMP que Klaus
Marc parle plus fort que Klaus.

«dieser», «diese», «dieses»

Les pronoms démonstratifs dieser et dieser ... dort se déclinent comme des adjectifs. Ils prennent d'ailleurs les mêmes terminaisons que les adjectifs s'ils ne sont pas accompagnés d'article ou si ils sont dotés d'un article indéfini (voir aussi le chapitre «l'adjectif»). Les terminaisons sont alors ajoutées aux racines dies-.

masculin	féminin	neutre
dies-er dize/r ce, cet	**dies-e** dize cette	**dies-es** dize/s ce, cette, cet
dies-er ... dort dize/r ... dor/t ce ... là, cet ... là	**dies-e ... dort** dize ... dor/t cette ... là	**dies-es ... dort** dize/s ... dor/t ce ... là, cette ... là, cet ... là

pluriel
dies-e / dies-e ... dort dize / dize ... dor/t ces, ceux / ces, ceux ... là

Les adjectifs démonstratifs se placent devant les substantifs auxquels ils se rapportent.

Dieser (ce, cet, cette), s'emploie dans le cas où la chose à déterminer est proche de celui qui parle. Par contre, dieser ... dort se rapporte à un objet éloigné de l'élocuteur.

dieser Mann	cet homme
dize/r ma/n	
diese Frau	cette femme
dize fraô	
dieses Kind dort	cet enfant là
dize/s ki/nt dor/t	
diese Kinder dort	ces enfants là
dize ki/nde/r dor/t	

dieser et dieser ... dort peuvent être utilisés aussi seuls.

Les pronoms personnels

Les pronoms personnels sont très importants en allemand puisqu'ils apparaissent pratiquement dans toutes les phrases.

singulier			pluriel		
ich	ich'	je	**wir**	vir	nous
du/Sie	dou/zi	tu/vous	**ihr**	ir	vous
er	ê/r	il	**sie**	zi	ils, elles
sie	zi	elle	**Sie**	zi	vous (formule de politesse)
es	ê/s	il, elle			

La formule de politesse pour s'adresser à une ou plusieurs personnes est Sie (qui prendra alors une majuscule). La forme employée après Sie est la même que celle de la troisième personne du pluriel. Le verbe se conjugue donc à la troisième personne du pluriel.

«wen» ou «wem»?

Le pronom personnel se décline si il a la fonction du complément d'objet dans la phrase (voir le tableau plus haut). Le pronom personnel ainsi décliné est placé le plus souvent derrière le verbe. On distingue alors deux cas:

Ich gebe dir[3] das Buch.
ich' guébe dir da/s bour
je donne toi le livre
Je te donne le livre.

Ich sehe dich[4].
ich' séhe dich'
je vois toi
Je te vois.

Foto: Daniel Krasa

Frankfurt

datif			accusatif		
mir	mir	me, moi	**mich**	mich'	me, moi
dir	dir	te, toi	**dich**	dich'	te, toi
ihm	i/m	lui	**ihn**	i/n	le
ihr	ir	lui	**sie**	zi	la
uns	ou/ns	nous	**uns**	ou/ns	nous
euch	oïch'	vous	**euch**	oïch'	vous
ihnen	i/ne/n	leur	**sie**	zi	les
Ihnen	i/ne/n	vous	**Sie**	zi	vous

Dans le registre de vocabulaire qui se trouve à la fin du livre, vous reconnaitrez les verbes entraînant le datif lorsqu'ils seront suivis de la mention (+ datif).

Si le pronom personnel est primordial dans le sens de la phrase, il ne sera plus placé derrière le verbe comme il doit l'être, mais en tête de phrase. Suivront alors le verbe puis le sujet, ce qui créera une nouvelle structure de phrase. Par exemple:

Mir[3] hat er etwas anderes erzählt.
mir hat ê/r êtvas a/ndere/s ê/rtsêlt
moi a il quelque-chose autre raconté
A moi, il m'a raconté autre chose.

Mich[4] kannst du nicht täuschen.
mich' ka/nst dou nicht toïche/n
moi peux tu ne-pas tromper
Moi, tu ne peux pas me tromper.

Cette tournure de phrase ne s'emploie pas obligatoirement mais si vous la rencontrez, vous saurez de quoi il s'agit et vous saurez comprendre ce que l'on vous dit.

Les pronoms possessifs

Ces formes se rapportent à un substantif masculin ou neutre au singulier:

mein	maï/n	mon
dein	daï/n	ton
sein	zaï/n	son, sa (de lui)
ihr	ir	son, sa (de elle)
unser	ou/nze/r	notre
euer	oïe/r	votre
ihr	ir	leur

Si le ou les objets de possession sont féminins, ces pronoms prendront un e. Lorsqu'il y a un pronom possessif, il n'y a jamais d'article défini.

mein Mann	**meine Frau**	**mein Kind**
maï/n ma/n	maï/ne fraô	maï/n kin/t
mon mari	ma femme	mon enfant
meine Finger	**meine Blumen**	**meine Bücher**
maï/ne fi/ngue/r	maï/ne blou/me/n	maï/ne buche/r
mes doigts	mes fleurs	mes livres

Attention: à la troisième personne du singulier. Là, on fait la différence entre un objet de possession masculin ou neutre sein et un objet de possession féminin ihr:

Herr Müller hat zwei Kinder.
hê/r mule/r hat tsvaï ki/nde/r
monsieur Muller a deux enfants
Monsieur Muller a deux enfants.

Seine Kinder sind sehr lieb.
zaï/ne ki/nde/r zi/nt zé/r lib
ses enfants sont très gentils
Ses enfants sont très gentils.

Frau Müller hat zwei Kinder.
fraô mule/r hat tsvaï ki/nde/r
madame Muller a deux enfants
Madame Muller a deux enfants.

Ihre Kinder sind sehr lieb.
ir/e ki/nde/r zi/nt zé/r lib
ses enfants sont très gentils
Ses enfants sont très gentils.

Foto: Bielefeld Marketing

En ville, Bielefeld

Les verbes

Les verbes allemands se composent d'une racine et d'une terminaison en -en:

Comme dans la langue française, les terminaisons à l'infinitif (en -en et -n) vont être remplacées par d'autres terminaisons lors de la déclinaison du verbe (voir au chapitre approprié).

kauf-en
kaôfe/n
acheter

telefonier-en
téléfônire/n
téléphoner

zahl-en
tsale/n
payer

arbeit-en
arbaïte/n
travailler

Certains verbes se terminent aussi par -(el)n ou -(er)n. Ce qui est entre parenthèses, fait partie de la racine et non de la terminaison. En réalité, ils se terminent par -n.

handel-n
ha/nde/ln
agir, marchander

wander-n
va/nde/rn
faire de la randonnée

Les verbes «forts» & les verbes «faibles»

Si l'on veut approfondir l'analyse du verbe en allemand, il est important de distinguer la différence simple entre le verbe fort et le verbe faible.

Les verbes faibles ont une déclinaison réguliére et ce, à tous les temps. On appelle verbe régulier (ou déclinaison régulière) un verbe dont la racine reste inchangée lors de la déclinaison et ce, peu importe le temps.

Les verbes forts eux, changent de racine au prétérit et au participe. Au présent, ceci n'est pas aussi notoire comme vous pourrez vous en rendre compte dans les chapitres suivants intitulés «le passé» et «le participe».

Voici un exemple du verbe fort et du verbe faible. Dans chacun des cas la racine est soulignée à l'infinitif.

	verbe faible	verbe fort
infinitif	**kaufen** kaôfe/n acheter	**gehen** guée/n aller, marcher
imparfait	**(ich) kaufte** (ich') kaôfte j'achetais	**(ich) ging** (ich') gi/ng j'allais, je marchais
participe passé	**gekauft** guekaôft acheté	**gegangen** guega/ngue/n allé, marché

Pour reconnaître les verbes forts dans le registre de mots figurant dans l'annexe de ce livre, on a mentionné à chaque fois leur imparfait et leur participe passé. Il est utile de les connaître par coeur.

Le présent

Pour conjuguer un verbe, il suffit d'ajouter à sa racine certaines terminaisons. Pour connaître la racine d'un verbe, il faut en ôter la terminaison de l'infinitif (-en ou -n lorsque les verbes se terminent par (er)n ou (e)n). Geh- est, par exemple la racine de gehen (aller, marcher). Dans le tableau ci-dessous, le tiret n'est là que pour mettre en évidence la terminaison. Dans l'allemand écrit normal il n'apparaît évidemment pas. Les terminaisons de conjugaison des verbes forts sont les mêmes que celles des verbes faibles.

Il n'existe que de rares exceptions par rapport aux terminaisons énoncées dans le tableau ci-dessus.

kaufen	kaôfe/n	acheter
ich kauf-e	ich' kaôfe	j'achète
du kauf-st	dou kaôfst	tu achètes
er, sie, es kauf-t	ê/r, zi, ê/s kaôft	il, elle achète
wir kauf-en	vir kaôfe/n	nous achetons
ihr kauf-t	ir kaôft	vous achetez
sie, Sie kauf-en	zi, zi kaôfe/n	ils, elles achètent vous achetez (f. de p.)

Des exceptions toutefois faciles à retenir puisqu'elles ne changent que très légèrement la prononciation de trois terminaisons pour les verbes en -den/-ten:

arbeiten	arbaïte/n	travailler
ich arbeit-e	ich' arbaïte	je travaille
du arbeit-est	dou arbaïte/st	tu travailles
er, sie, es arbeit-et	ê/r, zi, ê/s arbaïte/t	il, elle travaille
wir arbeit-en	vir arbaïte/n	nous travaillons
ihr arbeit-et	ir arbaïte/t	vous travaillez
sie, Sie arbeit-en	zi, zi arbaïte/n	ils/elles travaillent/ vous travaillez

Les formes irrégulières

Il existe une série de verbes forts dont la racine comprend un e, où la terminaison de la deuxième et de la troisième personne se distingue en prenant -i ou -ie:

nehmen	**du nimmst**	**er, sie, es nimmt**
néme/n	dou ni/mst	ê/r, zi, ê/s ni/mt
prendre	tu prends	il, elle prend
sehen	**du siehst**	**er, sie, es sieht**
sée/n	dou sist	ê/r, zi, ê/s sit
voir	tu vois	il, elle voit

D'autres verbes du même type:

befehlen > befiehl(s)t
beféle/n > befil(s)t
commander > commande(s)

messen > misst
mêsse/n > mist
mesurer > mesure(s)

brechen > brich(s)t
brêche/n > brich(s)t
casser > casse(s)

essen > isst
êsse/n > ist
manger > mange(s)

empfehlen > empfiehl(s)t
ê/mpféle/n > ê/mpfil(s)t
recommander > recommande(s)

sprechen > sprich(s)t
chprêche/n > chprich(s)t
parler > parle(s)

geben > gib(s)t
guébe/n > gib(s)t
donner > donne(s)

helfen > hilf(s)t
hêlfe/n > hilf(s)t
aider > aide(s)

lesen > liest
léze/n > list
lire > lis (t)

vergessen > vergisst
fê/rguêsse/n > fê/rgist
oublier > oublie(s)

Ci-dessus, lorsque la terminaison allemande est notée (s)t, cela signifie que le (s) précède le t à la deuxième personne du singulier. À la troisième personne du singulier, en ignore le (s). Si il n'y a pas de parenthèses, cela signifie que la terminaison donnée est la même pour la deuxième et pour la troisième personne du singulier.

Le tréma «Umlaute» est, en effet, une des particularités de la langue allemande. Toutes les autres formes sont régulières.

Un autre groupe de verbes forts se distingue lui, au présent en prenant un tréma à la deuxième et à la troisième personne du singulier du (tu) et er, sie, es (il, elle).

fallen / halten fale/n / halte/n	tomber / tenir
du fällst / hältst dou fêlst / hêlst	tu tombes / tiens
er, sie, es fällt / hält ê/r, zi, ê/s fêlt / hêlt	il, elle tombe / tient

Les préfixes séparables et inséparables

Les verbes allemands peuvent être dotés de préfixes qui modifient de manière caractéristique le sens du verbe.

Pour la conjugaison du verbe, il est important que ces préfixes soient de deux sortes: séparables ou inséparables.

Lorsque le préfixe est séparable, on le détache du verbe pour qu'il devienne un mot à part entière. Ce prèfixe se trouve alors directement derrière le verbe ou en fin de phrase. (Pour plus de détails, se reporter aux chapitres «le présent» et «l'imparfait»).

Le prèfixe inséparable reste, lui, toujours lié au verbe.

Dans les exemples qui suivent, une barre transversale met les préfixes en évidence. En temps normal, ces traits n'apparaîssent pas; ils ne sont là que pour les besoins de la cause.

fahren fare/n aller, conduire	**weg/fahren** vêkfare/n partir, démarrer	**hin/fahren** hi/n fare/n partir, aller	**zurück/fahren** tsourukfare/n retourner
nehmen néme/n prendre	**zu/nehmen** tsou/néme/n grossir	**ab/nehmen** apnéme/n maigrir	**hin/nehmen** hi/n/néme/n accepter
suchen zoure/n chercher	**versuchen** fê/rzoure/n essayer	**besuchen** bezoure/n rendre visite	

Un petit détail intéressant: on met l'accent sur les syllabes séparées du verbe. Les préfixes inséparables ne sont, eux, jamais accentués.

verbes à préfixes séparables	verbes à préfixes inséparables
weg/fahren	**bezahlen**
vêkfaren	be/tsale/n
partir, démarrer	payer
ich fahr-e weg	**ich bezahl-e**
du fähr-st(*) weg	**du bezahl-st**
er, sie, esfähr-t(*) weg	**er, sie, es bezahl-t**
wir fahr-en weg	**wir bezahl-en**
ihr fahr-t weg	**ihr bezahl-t**
sie, Sie fahr-en weg	**sie, Sie bezahl-en**

(*) Pour plus d'explications sur la présence dans la racine du verbe, voir plus haut dans le chapitre «le présent».

Ich fahre morgen weg.
ich' fare morgue/n vêk
je pars demain.

Ich bezahle die Rechnung.
ich' be/tsale di rêchnou/ng
je paie la facture, l'addition.

Comme on peut le constater, les terminaisons de la conjugaison de ces deux types de verbe sont les mêmes, seuls les préfixes sont inversés ou non.

Dans l'annexe du livre, on a doté les préfixes séparables d'une barre transversale afin de bien les distinguer, comme on l'a fait dans l'exemple plus haut.

Haben (avoir) & sein (être)

Comme dans la langue française, les verbes haben (habe/n avoir) et sein (zaï/n être) peuvent être autonomes ou auxiliaires. Ils jouent un rôle primordial au passé composé (voir au chapitre «le passé composé». Les auxiliaires haben et sein sont les deux verbes les plus importants en allemand.

sein (zaï/n) **être**			
présent		**imparfait**	
ich bin	(ich' bi/n)	**ich war**	(ich' var)
du bist	(dou bist)	**du warst**	(dou varst)
er, sie, es ist	(ê/r, zi, ê/s ist)	**er, sie, es war**	(ê/r, zi, e/s var)
wir sind	(vir zi/nt)	**wir waren**	(vir vare/n)
ihr seid	(ir saït)	**ihr wart**	(ir vart)
sie, Sie sind	(zi, zi zi/nt)	**sie, Sie waren**	(zi, zi vare/n)

haben (habe/n) **avoir**			
présent		**imparfait**	
ich habe	(ich' habe)	**ich hatte**	(ich' hate)
du hast	(dou hast)	**du hattest**	(dou hate/st)
er, sie, es hat	(ê/r, zi, ê/s hat)	**er, sie, es hatte**	(ê/r, zi, ê/s hate)
wir haben	(vir habe/n)	**wir hatten**	(vir hate/n)
ihr habt	(ir hapt)	**ihr hattet**	(ir hate/t)
sie, Sie haben	(zi, zi habe/n)	**sie, Sie hatten**	(zi, zi hate/n)

Le passé composé

Comme en français, le passé composé se forme en combinant les verbes haben ou sein avec le verbe au participe (voir plus haut). Seul l'auxiliaire est conjugué, le verbe restant lui inchangé au participe.

Ce n'est pas toujours facile de savoir lequel des deux auxiliaires employer. On peut toutefois constater que tous les verbes d'action -comme gehen (guée/n aller), laufen (laôfe/n courir), kommen (ko/me/n venir), ab/fahren (apfare/n partir) etc...- emploient l'auxiliaire «être» alors que tous les autres (dans 90% des cas) sont accompagnés du verbe «avoir».

Pour vous faciliter la tâche, les verbes employant l'auxiliaire «être» seront suivis de (+ sein) dans l'annexe de ce livre.

Le participe passé

Pour employer le participe passé, il faut savoir si le verbe est fort ou faible. D'autre part, il faut distinguer les préfixes séparables des préfixes inséparables. On trouve chacune de ces informations dans le registre des mots, il ne vous reste donc plus qu'à faire une synthèse du tout en consultant le tableau qui suit. Lorsque vous verrez le mot PREFIXE apparaître, cela correspond au préfixe du verbe. Le mot RACINE désigne, lui, la racine du participe du verbe. Attention, on obtient la racine participe des verbes faibles en ôtant, à leur infinitif, la terminaison -en. Par contre, les verbes forts eux, changent de racine au présent, au prétérit (imparfait) ou au participe.

verbes simples	verbes à préfixes inséparables	verbes à préfixes séparables
verbes faibles:		
ge-RACINE-t	RACINE-t	PREFIXE-ge-RACINE-t
verbes forts:		
ge-RACINE-en	RACINE-en	PREFIXE-ge-RACINE-en

Voici maintenant un exemple de tout cela. Notez que les traits d'union ne sont là que pour mettre la structure du verbe en évidence. Ils ne sont pas présents normalement.

verbes simples	verbes à préfixes inséparables	verbes à préfixes séparables
verbes faibles:		
kaufen kaôfe/n acheter	**bezahlen** be/tsale/n payer	**auf/hören** aôfheure/n arrêter
ge-kauf-t guekaôft acheté	**bezahl-t** be/tsalt payé	**auf-ge-hör-t** aôfgueheurt arrêté
verbes forts:		
sein zaï/n être	**bekommen** beko/me/n recevoir	**weg/fahren** vêkfare/n partir, démarrer
ge-wes-en guevéze/n été	**bekomm-en** beko/me/n reçu	**weg-ge-fahr-en** vêkguefare/n parti, démarré

Le préfixe séparable n'est exceptionnellement pas détaché du verbe au passé composé! La syllabe -ge se place alors entre le préfixe et la racine:

ich habe gekauft	**ich bin gewesen**
ich habe bezahlt	**ich habe bekommen**
ich habe aufgehört	**ich bin weggefahren**

Foto: Bielefeld Marketing

Bielefeld

Le futur

Il est très facile d'obtenir le futur en allemand. Il suffit de connaître le verbe werden (vê/rde/n devenir) et de savoir le conjuguer au présent. On lui succède alors l'infinitif du verbe présentant l'action:

Ich werde nicht in die Schule[4] gehen.
ich' vê/rde nicht i/n di chule guée/n
je deviens ne-pas dans la école aller
Je n'irai pas à l'école.

Voici le verbe werden conjugué au présent. Il fait partie hèlas des verbes forts, donc des verbes irréguliers:

werden	vê/rde/n	devenir
ich werde	ich' vê/rde	je deviens
du wirst	dou virst	tu deviens
er, sie, es wird	ê/r, zi, ê/s vird	il, elle devient
wir werden	vir vê/rde/n	nous devenons
ihr werdet	ir vê/rde/t	vous devenez
sie, Sie werden	zi, zi vê/rde/n	ils, elles deviennent vous devenez (forme de politesse)

Dans la plupart des cas, pour exprimer une action au futur, on utilise tout simplement le présent en glissant, dans la phrase, un complément de temps approprié:

Ich gehe morgen nicht in die Schule[4].
ich' guée morgue/n nicht i/n di choule
je marche demain ne-pas dans la école
Je n'irai pas à l'école demain.

Les verbes de modalité

En allemand, il existe des verbes de modalité que l'on conjugue et que l'on combine au verbe d'action à l'infinitif:

ich will / wollte gehen
ich' vil / volte guée/n
je veux / voulais aller

ich kann / konnte gehen
ich' ka/n / ko/nte guée/n
je peux / pouvais aller

ich muss / musste gehen
ich' mou/s / mou/ste guée/n
je dois / devais aller

Quiconque connaît les verbes de modalité peut, de cette manière, exprimer ce qu'il veut. Une de ces six formes conviendra certainement à la situation rencontrée.

Les verbes de modalité au présent

Attention, les verbes de modalité ne s'emploient pas au passé composé mais seulement au prétérit.

wollen	**sollen**	**müssen**
vole/n	zole/n	musse/n
vouloir	devoir (strict)	devoir
können	**dürfen**	**mögen**
keune/n	durfe/n	meugue/n
pouvoir, être capable de...	avoir le droit de	bien aimer

ich	will	soll	muss	kann	darf	möchte
ich'	vil	zol	mou/s	ka/n	darf	meuchte
du	**willst**	**sollst**	**musst**	**kannst**	**darfst**	**möchtest**
dou	vilst	zolst	mou/st	ka/nst	darfst	meuchte/st
er, sie	**will**	**soll**	**muss**	**kann**	**darf**	**möchte**
ê/r, zi	vil	zol	mou/s	ka/n	darf	meuchte
wir	**wollen**	**sollen**	**müssen**	**können**	**dürfen**	**möchten**
vir	vole/n	zole/n	musse/n	keune/n	durfə/n	meuchte/n
ihr	**wollt**	**sollt**	**müsst**	**könnt**	**dürft**	**möchtet**
ir	volt	zolt	must	keu/nt	durft	meuchte/t
sie, Sie	**wollen**	**sollen**	**müssen**	**können**	**dürfen**	**möchten**
zi, zi	vole/n	zole/n	muse/n	keune/n	durfə/n	meuchte/n

Les verbes de modalité à l'imparfait

ich wollte	ich' volte	ich sollte	ich' zolte
du wolltest	dou volte/st	**du solltest**	dou zolte/st
er, sie wollte	ê/r, zi volte	**er, sie sollte**	ê/r, zi zolte
wir wollten	vir volte/n	**wir sollten**	vir zolte/n
ihr wolltet	ir volte/t	**ihr solltet**	ir zolte/t
sie, Sie wollten	zi, zi volte/n	**sie, Sie sollten**	zi, zi zolte/n
ich musste	ich' mou/ste	**ich konnte**	ich' ko/nte
du musstest	dou mou/ste/st	**du konntest**	dou ko/nte/st
er, sie musstet	ê/r, zi mou/ste	**er, sie konnte**	ê/r, zi ko/nte
wir mussten	vir mou/ste/n	**wir konnten**	vir ko/nte/n
ihr musstet	ir mou/ste/t	**ihr konntet**	ir ko/nte/t
sie, Sie mussten	zi, zi mou/ste/n	**sie, Sie konnten**	zi, zi ko/nte/n
ich durfte	ich' dourf/te	**ich mochte**	ich' morte
du durftest	dou dourfte/st	**du mochtest**	dou morte/st
er, sie durfte	ê/r, zi, dourfte	**er, sie mochte**	ê/r, zi morte
wir durften	vir dourfte/n	**wir mochten**	vir morte/n
ihr durftet	ir dourfte/t	**ihr mochtet**	ir mortet
sie, Sie durften	zi, zi dourfte/n	**sie, Sie mochten**	zi, zi morte/n

Les conjonctions

aber	abe/r	mais
als	als	lorsque, au moment où
also	alzô	alors
außerdem	aôsse/rdé/m	en outre
bevor; ehe	befôr; ée	avant
bis	bi/s	jusque
damit	da/mit	pour que
dass	da/s	que
denn	dê/n	car
entweder...	ê/ntvéde/r...	ou (bien)...ou (bien),
oder	ôde/r	soit...soit
nachdem	nardé/m	après que
nicht nur..	nicht nour...	non seulement...
sondern auch	zo/nde/rn aôr	mais aussi
nur	nour	seulement
ob	op	si
obwohl	obvôl	malgré
oder	ôde/r	ou (bien)
sondern	zo/nde/rn	mais (aussi)
sowohl...	zôvôl...	aussi bien...
als auch	als aôr	que
und	ou/nt	et
während	vêre/nt	pendant
weil	vaïl	parce que
wenn	vê/n	quand, lorsque
wie	vi	comme, comment

Ich habe zwar Lust, aber keine Zeit.
ich' habe tsvar loust, abe/r kaï/ne tsaï/t
je ai certes envie, mais aucun temps
J'ai bien envie, mais pas le temps.

Er hat gesagt, dass er heute kommt.
ê/r hat guezagt, da/s ê/r hoïte ko/mt
il a dit, que il aujourd'hui vient
Il a dit qu'il venait aujourd'hui.

Du musst dich entscheiden: entweder er oder ich.
dou mou/st dich' ê/ntchaïde/n: ê/ntvéde/r ê/r ode/r ich'
tu dois te décider: soit il ou je
Tu dois te décider: c'est soit lui soit moi.

Er heißt nicht Frank, sondern Michael.
ê/r haïst nicht fra/nk, zo/nde/rn mich'aêl
il s'appelle ne-pas Frank, mais Michael
Il ne s'appelle pas Frank, mais Michael.

Sie kann nicht kommen, weil sie krank ist.
zi ka/n nicht ko/me/n, vaïl zi kra/nk ist
elle peut ne-pas venir, parce-que elle malade est
Elle ne peut pas venir parce qu'elle est malade.

Ich gehe nicht spazieren, wenn es regnet.
ich' guée nicht chpatsire/n vê/n ê/s régne/t
je vais ne-pas promener, lorsque il pleut
Je ne vais pas me promener lorsqu'il pleut.

L'interrogation

Dans une phrase interrogative, le verbe prend la place du sujet et vice versa.

Affirmation	Question
Sie hat einen Bruder[4].	**Hat sie einen Bruder[4]?**
zi hat aï/ne/n broude/r	hat zi aï/ne/n broude/r?
elle a un frère	*a elle un frère?*
Elle a un frère.	A-t-elle un frère?

Les questions appelant une décision

Les questions appelant une décision ont pour réponse ja (ia oui) ou nein (naï/n non).

QuestionRéponse	
Hat sie einen Bruder[4]?	**ja / nein**
hat zi aï/ne/n broude/r?	ia / naï/n
a elle un frère?	*oui / non*
A-t-elle un frère?	oui / non

Regnet es?	**Bist du glücklich?**
régne/t ê/s?	bist dou gluklich'?
pleut il?	*es tu heureux/heureuse?*
Est-ce qu'il pleut?	Est-ce que tu es heureux/heureuse?

En ce qui concerne les verbes à préfixes séparables, la syllabe qui se détache garde la même place dans la phrase.

Der Zug fährt ab.
dê/r tsouk fé/rt ap
le train part PRÉF
Le train s'en va.

Fährt der Zug ab?
fért dê/r tsouk ap?
pars le train PRÉF?
Est-ce que le train s'en va?

Er sieht es nicht.
ê/r zit ê/s nicht
il voit il ne-pas
Il ne voit pas ça.

Sieht er es nicht?
zit ê/r ê/s nicht?
voit il il ne-pas?
Est-ce qu'il ne voit pas ça?

Sie ist nach Hause gefahren.
zi ist nar haôze guefare/n
elle est vers maison allée
Elle est allée à la maison.

Ist sie nach Hause gefahren?
ist zi nar haôze guefare/n?
est elle vers maison allée?
Est-ce qu'elle est allée à la maison?

Les compléments d'interrogation

Les compléments d'interrogation se forment à l'aide de pronoms interrogatifs. Les questions ainsi formées appellent des réponses sous forme de phrases entières.

wer?	vé/r	qui
was?	va/s	quoi, que
wo?	vô	où
wohin?	vôhi/n	vers où
woher?	vôhé/r	d'où
wann?	va/n	quand
wie?	vi	comment
warum?	varou/m	pourquoi
wieviel?	vifil	combien
welche(r)?	vêlche(/r)	lequel, laquelle, lesquels, lesquelles

L'interrogation

Les pronoms interrogatifs se placent au début de la phrase; suivent ensuite le verbe, puis le sujet.

Wer ist das?	**Das ist Herr Schmidt.**
vê/r ist da/s?	da/s ist hê/r chmit
qui est ça?	*ça est Monsieur Schmidt*
Qui est-ce?	C'est Monsieur Schmidt.

Was hast du gestern gemacht?
va/s hast dou guê/ste/rn guemart?
quoi as tu hier fait?
Qu'as-tu fait hier?

Ich bin ins Kino[4] gegangen.
ich' bi/n i/ns ki/nô guega/ngue/n
je suis dans-le cinéma allé
Je suis allé au cinéma.

Wann kommen deine Eltern?
va/n ko/me/n daï/ne êlte/rn?
quand viennent tes parents?
Quand est-ce que viennent tes parents?

Ich weiß es nicht.
ich' vaï/s ê/s nicht
je sais il pas
Je ne sais pas.

La négation

La négation est un chapitre un peu ardu de l'allemand. En effet, l'ordre des mots de la phrase varie selon le verbe. Par exemple, si le verbe est au présent, imparfait ou futur, il n'aura pas la même place que si il est au passé composé; la même chose, s'il s'agit d'un verbe simple ou d'un verbe à préfixe séparable.

nein

Nein est le contraire de ja (ïa oui). Nein peut servir à nier une phrase entière ou une interrogation.

Mozart starb 1792.	**Nein, das stimmt nicht.**
motsart chtarb zibtsé/n hou/nde/rt tsvaï ou/nt noï/ntsich'	naï/n, das chti/mt nicht
mozart mouru 1792	*non, ça vrai pas*
Mozart est mort en 1792.	Non, ce n'est pas vrai.
Hast du dieses Buch[4] gelesen?	**Nein, ich habe es nicht gelesen.**
has dou dize/s bour gueléze/n?	naï/n ich' habe ê/s nicht gueléze/n
as tu ce livre lu?	*non, je ai il ne-pas lu*
Est-ce que tu as lu ce livre?	Non, je ne l'ai pas lu.

nicht

La négation des adverbes et des adjectifs de qualité se forme en leur précédant le mot nicht:

La négation

Das Buch ist nicht teuer.
das bour ist nicht toïe/r
le livre est ne-pas cher
Le livre n'est pas cher.

ein nicht sehr großes Haus
aï/n nicht zé/r grôsse/s haôs
une ne-pas très grande maison
une maison pas très grande

Sie singt nicht schön.
zi zi/ngt nicht cheu/n
elle chante ne-pas beau
Elle ne chante pas bien.

Er kocht nicht gut.
ê/r kort nicht gout
il cuisine ne-pas bien
Il ne cuisine pas bien.

La négation des verbes s'effectue, elle aussi, avec le mot nicht. Nicht se place alors juste après le verbe conjugué (même au passé composé).

Ich rauche nicht.
ich' raôre nicht
je fume ne-pas
Je ne fume pas.

Er kann nicht tanzen.
ê/r ka/n nicht ta/ntse/n
il peut ne-pas danser
Il ne sait pas danser.

Ich bin nicht nach Rom gefahren.
ich' bi/n nicht nar rô/m guefare/n
je suis ne-pas vers Rome allé
Je ne suis pas allé à Rome.

Wir haben nicht gelacht.
vir habe/n nicht gue/lart
nous avons ne-pas ri
Nous n'avons pas ri.

L'objet se place entre le verbe conjugué et le mot **nicht**:

Ich kaufe das Auto[4] nicht.
ich' kaôfe da/s aôtô nicht
je achète la auto ne-pas
Je n'achète pas la voiture.

Wir bezahlen die Rechnung[4] nicht.
vir be/tsale/n di rêchnou/ng nicht
nous payons la note/addition ne-pas
Nous ne payons pas la note / l'addition.

En ce qui concerne les verbes à préfixes séparables, la particule se positionne derrière nicht, en fin de phrase:

Ich rufe dich[4] nicht an.
ich' roufe dich' nicht a/n
je appelle toi ne-pas PRÉF
Je ne t'appelle pas.

Er zieht die Schuhe[4] nicht aus.
ê/r tsit di choue nicht aôs
il tire les chaussures ne-pas PRÉF
Il n'enlève pas les chaussures.

kein(e)

On obtient la négation d'un substantif en lui précédant kein / keine (kaï/n / kaï/ne aucun / aucune). Kein(e) s'emploie comme un article (de négation) indéfini, aussi prend-il la marque du genre et du nombre du substantif qu'il nie.

	masculin/neutre	féminin
singulier:	**kein** (kaï/n)	**keine** (kaï/ne)
pluriel:	**keine** (kaï/ne)	**keine** (kaï/ne)

Ich habe kein Geld[4].
ich' habe kaï/n guêlt
je ai aucun argent
Je n'ai pas d'argent.

Ich habe keine Zeit[4].
ich' habe kaï/ne tsaït
je ai aucun temps
Je n'ai pas de temps.

Les quatre cas et leurs déclinaisons

En allemand, on peut décliner les substantifs, les adjectifs, les pronoms, etc... en leur ajoutant des terminaisons bien précises.

Dans la phrase allemande, un numéro suit le mot décliné, stipulant de quel cas il s'agit ([2], [3] ou [4]). De cette manière, en remplaçant un mot (suivi d'un numéro) par un autre, on pourra tout de suite savoir de quel cas il est. Les mots qui ne sont pas suivis d'un numéro se trouvent au premier cas (cas nominatif).

Voici les caractéristiques de chaque cas:
Le premier cas, le nominatif est la forme «normale» du mot. Tous les mots qui se trouvent dans le lexique en fin de livre font partie de ce premier cas. Ces mots au nominatif répondent au pronom interrogatif wer (vé/r qui?):

der Vater	**das Kind**
dê/r fate/r	da/s ki/nt
le père	l'enfant

Le deuxième cas, le génitif, détermine l'objet d'appartenance. Les mots au génitif répondent à la question wessen (vêsse/n de qui? / de quoi?):

der Vater des Kindes[2]	**das Kind des Vaters[2]**
dê/r fate/r dê/s ki/nde/s	da/s ki/nt dê/s fate/rs
le père de l'enfant	l'enfant du père

Le troisième cas, le datif détermine le mot répondant à la question wem (vé/m à qui?):

Der Vater gibt dem Kind[3] etwas Schokolade[4].
dê/r fate/r gibt dé/m ki/nt ê/tvas chôkôlade
le père donne le enfant quelque-chose chocolat
Le père donne un peu de chocolat à l'enfant.

Le quatrième cas, l'accusatif, détermine lui le mot répondant à la question wen (vê/n qui? / quoi?):

Das Kind ruft den Vater[4].
da/s ki/nt rouft dé/n fate/r
le enfant appelle le père
L'enfant appelle le père.

La déclinaison de l'article:

article défini			article indéfini	
singulier		pluriel	singulier	
m./n.	f.	m./f./n.	m./n.	f.
1er cas (nominatif)				
der / das	**die**	**die**	**ein**	**eine**
2ème cas (génitif)				
des	**der**	**der**	**eines**	**einer**
3ème cas (datif)				
dem	**der**	**den**	**einem**	**einer**
4ème cas (accusatif)				
den / das	**die**	**die**	**einen**	**eine**

La déclinaison du substantif (nom)

Les déclinaisons allemandes ne sont pas aussi compliquées qu'elles paraîssent à première vue. Si l'on connaît le genre du mot (masculin, féminin ou neutre), ainsi que sa terminaison au pluriel, il suffit de se reporter à l'un des tableaux ci-dessus pour en connaître sa déclinaison selon le cas rencontré.
Vous retrouverez d'ailleurs ces indications dans l'annexe du livre.

Au singulier, il existe trois sortes de substantifs:

- 1er groupe: tous les noms neutres et presque tous les noms masculins (tous ceux qui ne font pas partie du deuxième groupe).
- 2ème groupe: tous les noms masculins qui forment leur pluriel en -en et qui désignent un être vivant.
- 3ème groupe: tous les noms féminins (ils ne prennent pas de terminaison au singulier!).

Pour la bonne lisibilité de ces différentes terminaisons, on les a précédées d'un trait d'union. Lorsqu'il n'y a pas de terminaison, on a terminé le mot par un tiret.

1er groupe	2ème groupe	3ème groupe
Mann (ma/n) homme	**Bär** (bê/r) ours	**Frau** (fraô) femme
1er cas (nominatif): Wer?		
der Mann- (ma/n)	**(der) Bär-** (bê/r)	**(die Frau)** (fraô)
2ème cas (génitif): Wessen?		
Mann-es (ma/ne/s)	**(des) Bär-en** (bê/r)	**(der) Frau**
3ème cas (datif): Wem?		
Mann- (ma/n)	**(dem) Bär-en** (bê/re/n)	**(der) Frau**
4ème cas (accusatif): Wen?		
Mann- (ma/n)	**(dem) Bär-en**	**(die) Frau**

Il existe cinq sortes de substantifs (noms) au pluriel. La déclinaison dépend de leur terminaison et non de leur genre (masculin/pluriel, neutre/pluriel, féminin/pluriel). C'est pourquoi il est important de connaître la terminaison plurielle de chaque mot.

terminaisons plurielles					
en	**-e**	**-**	**-(e)n**	**-er**	**-s**
1er cas (nominatif)	**Tier-e** tire animaux	**Lehrer-** lé/re/r professeurs	**Frau-en** fraôe/n femmes	**Kind-er** ki/nde/r enfants	**Auto-s** aôtô/s autos
2ème cas (génitif)	**Tier-e** tire animaux	**Lehrer-** lé/re/r professeurs	**Frau-en** fraôe/n femmes	**Kind-er** ki/nde/r enfants	**Auto-s** aôtô/s autos
3ème cas (datif)	**Tier-en** tire/n animaux	**Lehrer-n** lé/re/rn professeurs	**Frau-en** fraôe/n enfants	**Kind-ern** ki/nde/rn	
4ème cas (accusatif)	**Tier-e** tire animaux	**Lehrer-** lé/re/r professeurs	**Frau-en** fraôe/n femmes	**Kind-er** ki/nde/r enfants	**Auto-s** aôtô/s autos

La déclinaison de l'adjectif

Si un nom est décliné, l'article (défini ou indéfini) qui l'accompagne, sera, lui aussi, décliné au même cas.

Si le nom est aussi doté d'un adjectif, ce dernier sera décliné de la même sorte. Il existe cependant une différence entre:

Les noms accompagnés d'article indéfini ou dépourvus d'article et les noms accompagnés d'un article défini.

Comparons: (La présence des traits d'union n'est faite que pour mettre les terminaisons en évidence.)

ein reich-er Mann	**der reich-e Mann**
aï/n raïche/r ma/n	dê/r raïche ma/n
un riche homme	*le riche homme*
un homme riche	l'homme riche

Dans le premier exemple, l'adjectif est fortement décliné. Cela est dû au fait que l'article, lui, n'a pas de terminaison. Dans le second exemple, l'adjectif est décliné légèrement car l'article défini porte déjà la marque typique de déclinaison (là, il s'agit du 1er cas, le nominatif): Dans la majorité des cas, on n'a pas à faire à des adjectifs plus ou moins fortement déclinés.

Ci-dessous, des tableaux indiquant la déclinaison de l'adjectif (adjectif choisi pour exemple: gut (gout) bon, bonne). Vous n'aurez plus qu'à remplacer l'exemple gut par n'im-

porte quel article de votre choix. Ici encore, les traits d'union n'ont pour but que la mise en évidence de la terminaison et n'apparaissent bien sûr pas dans l'allemand écrit habituel.

La déclinaison de l'adjectif accompagné d'un article indéfini ou dépourvu d'article:

	singulier		pluriel
	m./n.	f.	m./f./n.
nominatif	gut-er /-es (*)	gut-e	gut-e
génitif	gut-en	gut-en	gut-er
datif	gut-en	gut-en	gut-en
accusatif	gut-en/ -es(*)	gut-e	gut-e

(*) Lorsque le substantif (nom) est masculin, la terminaison à employer est celle qui se trouve AVANT la barre transversale. Si le nom est neutre, la terminaison de l'adjectif est celle qui se trouve APRÈS la barre transversale.

La déclinaison de l'adjectif accompagné d'un article défini:

	singulier		pluriel
	m./n.	f.	m./f./n.
nominatif	gut-e	gut-e	gut-en
génitif	gut-en	gut-en	gut-en
datif	gut-en	gut-en	gut-en
accusatif	gut-en/ gut-e(*)	gut-e	gut-en

La déclinaison du pronom possessif

La déclinaison au nominatif des pronoms possessifs vous a déjà été énoncée auparavant (voir chapitre «les pronoms possessifs»). Dans

Les quatre cas et leurs déclinaisons

le tableau qui suit, l'exemple mein (maï/n mon) peut être remplacé par le pronom possessif de votre choix. Une fois encore, les différentes terminaisons sont mises en évidence par un tiret. Un trait d'union en fin de pronom signifie qu'il n'y a pas de terminaison.

(*) Lorsque le substantif (nom) est masculin, la terminaison à employer est celle qui se trouve AVANT la barre transversale. Si le nom est neutre, la terminaison de l'adjectif est celle qui se trouve APRÈS la barre transversale.
(**) Les terminaisons sont les mêmes que celles des adjectifs qui se rapportent à un nom féminin dépourvu d'article!
(***) Les terminaisons sont les mêmes que celles des adjectifs qui se rapportent à un nom pluriel dépourvu d'article!

	singulier		pluriel
	m./n.(*)	f.(**)	m./f./n.(**)
nominatif	mein-	mein-e	mein-e
génitif	mein-es	mein-er	mein-er
datif	mein-em	mein-er	mein-en
accusatif	mein-en/ mein-	mein-e	mein-e

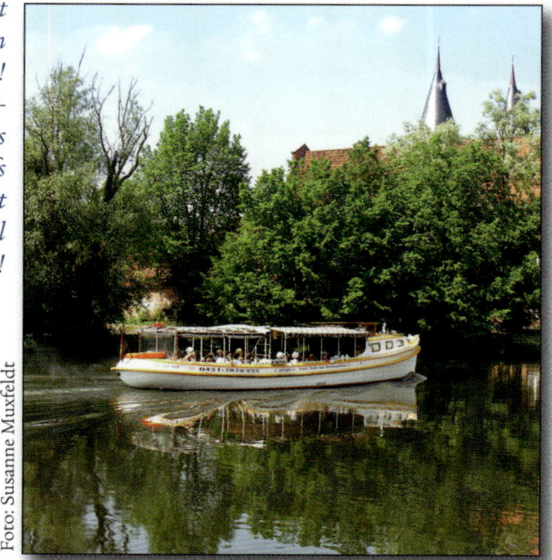

Foto: Susanne Muxfeldt

Lübeck

Les prépositions

En allemand, les prépositions sont placées en général devant les noms ou les pronoms auxquels elles se rapportent.

Chaque préposition entraîne un certain cas. Certaines d'entre elles peuvent entraîner soit le datif, soit l'accusatif, selon le sens de la phrase.

Entraînant le 2ème cas (génitif)

abseits	apzaïts	de côté
anstelle	a/nchtêle	à la place
aufgrund	aôfgrou/nd	pour cause de
außerhalb	aôsse/rhalp	à l'extérieur *(en dehors)*
einschließlich	aï/nchlislich'	y compris
innerhalb	i/ne/rhalp	à l'intérieur *(en dedans)*
oberhalb	ôbe/rhalp	par dessus
statt, anstatt	chtat, a/nchtat	à la place
unterhalb	ou/nte/rhalp	par dessous
während	vê̲re/nd	pendant
wegen	vé̲gue/n	à cause

Außerhalb der Stadt[2] gibt es viele Wälder[4].
aôsse/rhalp dê/r chtat gipt ê/s fi̲le vêlde/r
en-dehors la ville donne il beaucoup forêts
Il y a beaucoup de forêts à l'extérieur de la ville.

Statt des Jungen[2] kam das Mädchen.
chtat dê/s iou/ngue/n ka/m da/s mêdche/n
à-la-place le garçon vint la fille
La fille vint à la place du garçon.

Les prépositions

Während der Vorstellung[2] darf man nicht sprechen.
vê/re/nd dê/r forchtêlou/ng darf ma/n nicht chprêche/n
pendant la présentation doit on ne-pas parler
On ne doit pas parler pendant la présentation.

Wegen des schlechten Wetters[2] konnte ich nicht kommen.
végue/n dê/s chlêchte/n vê/te/rs ko/nte ich' nicht ko/me/n
à-cause le mauvais temps pouvais je ne-pas venir
Je ne pouvais pas venir à cause du mauvais temps.

Entraînant le 3ème cas (datif)		
aus	aô/s	hors de
bei	baï	chez, vers
gegenüber	guégue/nube/r	en face
hinter	hi/nte/r	derrière
mit	mi/t	avec
nach	nar	vers
nah(e)	na(e)	proche
seit	zaï/t	depuis
von	fo/n	de
vor	for	avant
zu	tsou	à, chez

Er kommt gerade aus dem Haus[3].
ê/r ko/mt gue/rade aô/s dé/m haô/s
il vient à-l'instant hors-de la maison
Il sort juste de la maison.

Ich war bei Luisa[3].
ich' var baï louïza
je étais chez Luisa
J'étais chez Luisa.

seit einem Jahr[3]
zaï/t aïne/m iar
depuis un an
depuis un an

Ich gehe mit ihm[3] / ihr[3] ins Theater[4].
ich' guée mi/t i/m / ir i/ns téate/r
je vais avec lui / elle au théâtre
Je vais au théâtre avec lui / elle.

vor / hinter dem Haus[3]
for / hi/nte/r dé/m haô/s
devant / derrière la maison
devant / derrière la maison

Ich fahre morgen zu meiner Tante[3].
ich' fare morgue/n tsou maï/ne/r ta/nte
je vais demain chez ma tante
Demain, je vais chez ma tante.

Entraînant le 4ème cas (accusatif)		
durch	dourch	à travers, par
entlang	ê/ntla/ng	le long
für	fur	pour
gegen	guégue/n	contre
ohne	ô/ne	sans
um	ou/m	autour

durch den Tunnel[4]
dourch dé/n toune/l
à-travers le tunnel
par le tunnel

Das Auto prallte gegen den Baum[4].
da/s aôtô pralte guégue/n dé/n baô/m
la auto heurtait contre le arbre
La voiture rentra dans un arbre.

Ich kaufe ein Geschenk[4] für ihn[4] / sie[4].
ich' kaôfe aï/n gueché/nk fur i/n / zi
je achète un cadeau pour lui / elle
Je lui achète un cadeau.

Ich fahre ohne meine Eltern[4] in die Ferien[4].
ich' fare ô/ne maï/ne êlte/rn i/n di férie/n
je vais sans mes parents dans les vacances
Je pars en vacances sans mes parents.

Les prépositions

Foto: Susanne Muxfeldt

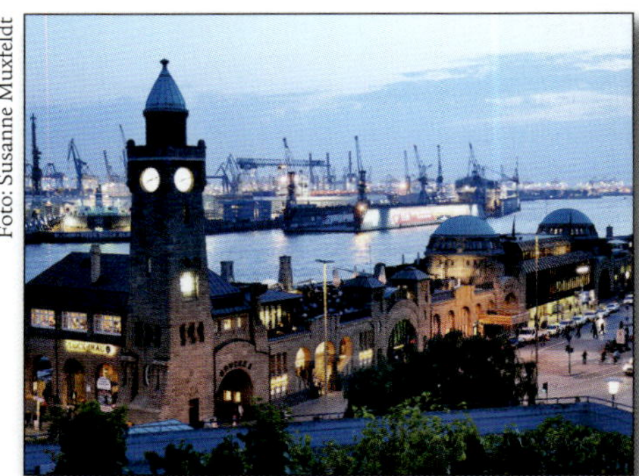

Hamburg

Entraînant le 3ème ou le 4ème cas

an	a/n	à
auf	aôf	sur
hinter	hi/nte/r	derrière
in	i/n	dans
neben	nébe/n	à côté
unter	ou/nte/r	sous
vor	fôr	devant
zwischen	tsvich'e/n	entre

Ces prépositions entraînent donc, soit le 3ème cas (le datif), si elles désignent une situation fixe, soit le 4ème cas (l'accusatif), si elles désignent une situation de déplacement:Ces prépositions entraînent donc, soit le 3ème cas (le datif), si elles désignent une situation fixe, soit le 4ème cas (l'accusatif), si elles désignent une situation de déplacement:

Das Buch liegt auf dem Tisch[3].
da/s bour ligt aôf dé/m tich
le livre est-couché sur la table
Le livre se trouve sur la table.

Ich lege das Buch auf den Tisch[4].
ich' légue da/s bour aôf dé/n tich
je pose le livre sur la table
Je pose le livre sur la table.

Der Garten ist hinter dem Haus[3].
dê/r garte/n ist hi/nte/r dé/m haô/s
le jardin est derrière la maison
Le jardin est derrière la maison.

Ich gehe hinter das Haus[4].
ich' guée hi/nte/r da/s haô/s
je vais derrière la maison
Je vais derrière la maison.

Die Katze schläft unter der Couch[3].
di katse chlêft ou/nte/r dê/n caôtch
le chat dort sous le divan
Le chat dort sous le divan.

Die Katze kriecht unter die Couch[4].
di katse krich't ou/nte/r di caôtch
le chat rampe sous le divan
Le chat rampe sous le divan.

Compter en allemand

Lorsque l'on compte, 1 est appelé eins (aï/ns *un). Par contre, si l'on compte des personnes ou des objets, le numéro 1 prend le genre et le nombre du nom auquel il se rapporte:*

Les numéros de base					
0	**null**	noul	10	**zehn**	tsé/n
1	**eins**	aï/ns	11	**elf**	êlf
2	**zwei**	tsvaï	12	**zwölf**	tsveulf
3	**drei**	draï	13	**dreizehn**	draïtsé/n
4	**vier**	fir	14	**vierzehn**	firtsé/n
5	**fünf**	fu/nf	15	**fünfzehn**	fu/nftsé/n
6	**sechs**	zêx	16	**sechzehn**	zêch'tsé/n
7	**sieben**	zibe/n	17	**siebzehn**	ziptsé/n
8	**acht**	ar/t	18	**achtzehn**	ar/tsé/n
9	**neun**	noï/n	19	**neunzehn**	noï/ntsé/n

ein Mann (masculin) aï/n ma/n	un homme
ein Kind (neutre) aï/n ki/nt	un enfant
eine Frau (féminin) aï/ne fraô	une femme

On obtient les dizaines en ajoutant la terminaison -zig aux numéros de base. Il existe deux exceptions:

10	**zehn**	(tsé/n)
30	**dreißig**	draïssich')

Les centaines, elles sont plus régulières. 100 se dit einhundert (aï/nhou/nde/rt), ou plus simplement hundert (hou/nde/rt). Pour les autres centaines, il suffit d'ajouter -hundert aux numéros de base.

10	**zehn**	tsé/n
20	**zwanzig**	tsva/ntsich'
30	**dreißig**	draïssich'
40	**vierzig**	firtsich'
50	**fünfzig**	fu/nftsich'
60	**sechzig**	zêchtsich'
70	**siebzig**	ziptsich'
80	**achtzig**	ar/tsich'
90	**neunzig**	noï/ntsich'

100	**(ein)hundert**	(aï/n)hou/nde/rt
200	**zweihundert**	tsvaïhou/nde/rt
300	**dreihundert**	draïhou/nde/rt
400	**vierhundert**	firhou/nde/rt
500	**fünfhundert**	fu/nfhou/nde/rt
600	**sechshundert**	zêxhou/nde/rt
700	**siebenhundert**	zibe/nhou/nde/rt
800	**achthundert**	ar/thou/nde/rt
900	**neunhundert**	noï/nhou/nde/rt

1.000	**tausend**	taôze/nt
10.000	**zehntausend**	tsé/ntaôze/nt
100.000	**hunderttausend**	hou/nde/rt/taôze/nt
1.000.000	**eine Million**	aï/ne miliô/n

Compter

+	**plus / und**	plou/s / ou/nt	plus
-	**minus**	mi/nou/s	moins
x	**mal**	mal	fois
:	**geteilt durch**	guetaïlt dourch	divisé par
=	**ist / macht**	ist / mart	égal

zwei mal drei ist sechs
tsvaï mal draï ist zêx
deux fois trois est six
2 x 3 = 6

eins plus vier macht fünf
aï/ns plou/s fi̱r mart fu/nf
un plus quatre fait cinq
1 + 4 = 5

Une fois, deux fois

On ajoute simplement la terminaison -mal aux numéros de base.

einmal	aï/nmal	1 x (une fois)
zweimal	tsvaï/mal	2 x (deux fois)
dreimal	draï/mal	3 x (trois fois)
viermal	fi̱rmal	4 x (quatre fois)etc...

Foto: Fotolia.com

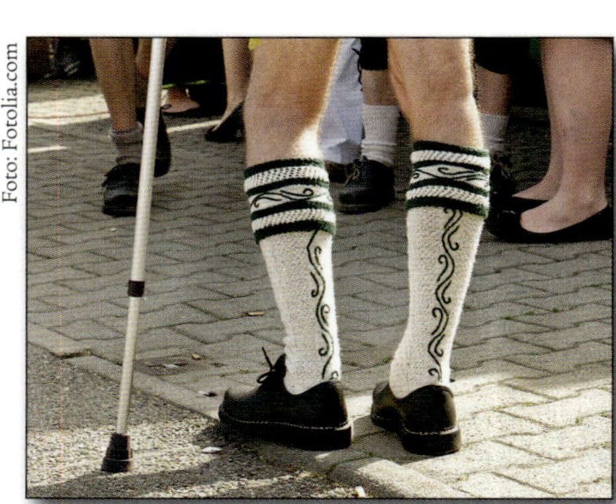

München

Poids et mesures

Millimeter (m)1 mm mili/mé/te/r	millimètre
Zentimeter (m)1 cm tsê/nti/mé/te/r	centimètre
Meter (m)1 m mé/te/r	mètre
Kilometer (m)1 km kilô/mé/te/r	kilomètre
Quadratmeter (m)1 m^2 kvadra/mé/te/r	mètre carré
Hektar (m)1 ha hêktar	hectare
Liter (m) 1 l lite/r	litre
Gramm (n) 1 g gra/m	gramme
Pfund (n) 1 Pfd. pfou/nt	livre
Kilo (n) 1 kg kilô	kilo
Zentner (m) 1 Ztr. tsê/ntne/r	50 kilos

alle	ale	tous, toutes
viele	file	de nombreux(ses)
einige,	aï/nigue,	quelque(s),
manche	ma/nche	certains(es)
wenige	vé/nigue	peu de, la minorité de...
ein paar	aï/n par	une paire, quelques
ein Paar	aï/n par	une paire, un couple
beide	baï/de	les deux

Les dates et le temps

der Tag (-e)	dê/r tag	le jour
der Morgen (-)	dê/r morgue/n	le matin
der Vormittag (-e)	dê/r formitag	la matinée
der Mittag (-e)	dê/r mitag	le midi
der Nachmittag (-e)	dê/r narmitag	l'après-midi
der Abend (-e)	dê/r abe/nd	le soir
die Nacht (Nächte)	di nart (nêch'te)	la nuit
die Mitternacht	di mite/rnart	minuit
die Woche (-n)	di vore	la semaine
der Monat (-e)	dê/r mô/na/t	le mois
das Jahr (-e)	das iar	l'année
täglich	têglich'	tous les jours, journalier
wöchentlich	veuch'e/ntlich'	toutes les semaines
monatlich	mô/na/tlich'	tous les mois, mensuellement
jährlich	iê/rlich'	tous les ans, annuellement
morgens	morgue/ns	le matin
vormittags	formitags	en matinée
mittags	mitags	à midi
nachmittags	narmitags	l'après-midi
abends	abe/ns	en soirée, le soir
nachts	nart/s	de nuit, nocturne
heute	hoïte	aujourd'hui
gestern	guê/ste/rn	hier
vorgestern	forguê/ste/rn	avant-hier
morgen	morgue/n	demain
übermorgen	ube/rmorgue/n	après-demain

jetzt, nun	iêtst, nou/n	maintenant
bald	balt	bientôt
vor kurzem	for kourtse/m	depuis peu
schon	chô/n	déjà
noch nicht	nor nicht	pas encore
früh	fru	tôt
spät	chpê/t	tard
frühestens	fruste/ns	au plus tôt
spätestens	chpête/ste/ns	au plus tard
schnellstens	chnêlste/ns	au plus vite
rechtzeitig	rêchtsaïtich'	à temps
pünktlich	pu/nklich'	à l'heure, ponctuel
sofort	zôfor/t	tout de suite
irgendwann	irgue/ndva/n	un jour (on ne sait quand)
immer	i/me/r	toujours
manchmal	ma/nchmal	quelquefois
nie	ni	jamais

Mitte nächster Woche
mite nêxte/r vore
milieu prochaine semaine
en milieu de semaine prochaine

vergangene / letzte Woche
fê/rga/ngue/ne / lê/tste vore
passée / dernière semaine
la semaine passée / dernière

Ist sie schon gekommen?
ist zi chô/n gueko/me/n
est elle déjà venue
Est-ce qu'elle est déjà arrivée?

Nein, sie ist noch nicht da.
naï/n, zi ist nor nicht da
non, elle est encore ne-pas là
Non, elle n'est pas encore là.

Er sagt immer die Wahrheit.
ê/r zagt i/me/r di varaï/t
il dit toujours la vérité
Il dit toujours la vérité.

Sie trinkt nie Alkohol.
zi tri/nkt ni alkôôl
elle boit jamais alcool
Elle ne boit jamais d'alcool.

Les dates et le temps

L'heure

die Zeit di tsaï/t	le temps
die Uhr (-en) di our (e/n)	la montre, l'horloge
die Stunde (-n) di chtou/nde (/n)	l'heure (60 minutes)
die Minute (-n) di minou/te (/n)	la minute
die Sekunde (-n) di sékou/nde (/n)	la seconde
das Viertel (-) das firte/l	le quart (d'heure)

Dans l'allemand parlé, on a coutume de ne compter les heures que jusqu'à zwölf (tsveulf *douze), après quoi on recommence à* eins (aï/ns *une).* Halb sieben (halb zibe/n *six heures et demie) signifie soit 6 h 30, soit 18 h 30.*

Wie spät ist es?
vi chpê/t ist ê/s
comment tard est il
Quelle heure est-il?

Es ist ein Uhr.
ê/s ist aï/n our
il est une heure
Il est une heure.

Es ist fünf nach eins.
ê/s ist fu/nf nar aï/ns
il est cinq après un
Il est une heure cinq.

Es ist Viertel nach eins.
ê/s ist firte/l nar aï/ns
il est quart après un
Il est une heure et quart.

Es ist zwanzig nach eins.
ê/s ist tsva/ntsich' nar aï/ns
il est vingt après un
Il est une heure vingt.

Es ist halb zwei.
ê/s ist halb tsvaï
il est demi deux
Il est une heure et demie.

Es ist Viertel vor zwei.
ê/s ist firte/l for tsvaï
il est quart avant deux
Il est deux heures moins le quart.

Es ist zehn vor zwei.
ê/s ist tsé/n for tsvaï
il est dix avant deux
Il est deux heures moins dix.

Les jours de la semaine		
Montag	mô/ntag	lundi
Dienstag	di/nstag	mardi
Mittwoch	mitvor	mercredi
Donnerstag	do/ne/rstag	jeudi
Freitag	fraïtag	vendredi
Samstag / Sonnabend	za/mstag / zo/nabe/nt	samedi
Sonntag	zo/ntag	dimanche

Welcher Tag ist heute?
vêlche/r tag ist hoïte
quel jour est aujourd'hui
Quel jour sommes-nous?

Heute ist Dienstag.
hoïte ist di/nstag
aujourd'hui est mardi
On est mardi.

von Montag bis Freitag
vo/n mô/ntag bis fraïtag
de lundi à vendredi
de lundi à vendredi

Mittwoch nachmittags ist die Praxis geschlossen.
mitvor narmitags ist di praxi/s guechlosse/n
mercredi après-midi est le cabinet fermé
Le cabinet est fermé le mercredi après-midi.

Am Sonntag habe ich keine Zeit.
a/m zo/ntag habe ich' kaï/ne tsaï/t
le dimanche ai je aucun temps
Je n'ai pas de temps le dimanche.

Les dates et le temps

Les jours fériés

der Werktag (-e)	dê/r vê/rktag(/e)	le(s) jour(s) ouvrable(s)
der Feiertag (-e)	dê/r faïe/rtag(/e)	le(s) jour(s) férié(s)
Neujahr	noïar	Nouvel An
Ostern	ôste/rn	Pâques
Pfingsten	pfi/ngste/n	Pentecôte
Tag der deutschen Einheit (3. Oktober)	tag dê/r doï/tche/n aï/nhaï/t	e jour de l'Unité allemande (le 3 oct.)
Weihnachten	vaï/narte/n	Noël

Frohe Ostern!
frôe ôste/rn
Joyeuses Pâques!

Frohe Weihnachten!
frôe vaï/narte/n
Joyeux Noël!

Einen guten Rutsch!
aï/ne/n goute/n routch
Bon réveillon
(de la nouvelle année)!

Ein gutes neues Jahr!
aï/n goute/s noïe/s iar
Bonne année!

Les mois

Januar	ianouar	janvier
Februar	fébrouar	février
März	mêrts	mars
April	april	avril
Mai	maï	mai
Juli	iouli	juillet
Juni	iou/ni	juin
August	aôgoust	août
September	zêpte/mbe/r	septembre
Oktober	ôktôbe/r	octobre
November	nôvê/mbe/r	novembre
Dezember	dêtsê/mbe/r	décembre

Ich habe im Mai Geburtstag.
ich' habe i/m maï guebourtstag
je ai en mai anniversaire
Mon anniversaire est en mai.

Im August mache / habe ich Urlaub.
i/m aôgoust mare / habe ich' ourlaôb
en août fait / ai je vacances
Je suis en vacances en août.

La date

Il existent diverses possibilités de demander la date à quelqu'un.

Den Wievielten haben wir heute?
dé/n vifilte/n habe/n vir hoïte
le combien avons nous aujourd'hui
Le combien on est (sommes nous) aujourd'hui?

Der Wievielte ist heute?
dê/r vifilte ist hoïte
le combien est aujourd'hui
C'est (nous sommes) le combien aujourd'hui?

Welches Datum haben wir heute?
vêlche/s datou/m habe/n vir hoïte
quelle date avons nous aujourd'hui
Quelle date on est (sommes nous) aujourd'hui?

En allemand, on indique une date comme suit:

Heute ist der erste November.
hoïte ist dê/r ê/rste nôvê/mbe/r
aujourd'hui est le premier novembre
On est (nous sommes) le premier novembre.

Heute ist Sonntag, der sechste Mai.
hoïte ist zo/ntag dê/r zêxte maï
aujourd'hui est dimanche, le sixième mai
On est (nous sommes) le dimanche six mai.

Les abréviations

Abs.	**Absender**	abzê/nde/r	expéditeur(trice)
Adr.	**Adresse**	adrêsse	adresse
allg.	**allgemein**	alguemaï/n	généralement
Bhf.	**Bahnhof**	ba/nhôf	gare
BLZ	**Bankleitzahl**	ba/nklaïtsal	identification bancaire
bzw.	**beziehungsweise**	be/tsiou/ngsvaï/ze	plus précisément
C	**Celsius**	tsêlsiou/s	Celsius
ca.	**circa**	tsirka	environ
D	**Damen**	da/me/n	dames
(DM)	**(Deutsche Mark)**	doï/tche mark	(mark)
Dr.	**Doktor**	dôktôr	docteur
evtl.	**eventuell**	évê/ntouêl	éventuellement
Fa.	**Firma**	firma	entreprise
Frl.	**Fräulein**	frolaï/n	demoiselle
H	**Herren**	hê/re/n	messieurs
Kfz.	**Kraftfahzeug**	kraftfartsoïg	véhicule
Kto.	**Konto**	ko/ntô	compte
LKW	**Lastkraftwagen**	lastkraftvague/n	camion
Mio.	**Million(en)**	miliô/n(e/n)	million, des millions
Min.	**Minute(n)**	minoute(/n)	minute, des minutes
Nr.	**Nummer**	nou/me/r	numéro
od.	**oder**	ôde/r	ou (bien)
PKW	**Personen-kraftwagen**	perzo/ne/n-kraftvague/n	voiture particulière
s. S.	**siehe Seite**	zie zaï/te	voir page
St.	**Stück**	chtuk	morceau, pièce
Str.	**Straße**	chtrasse	rue, route
Tel.	**Telefon**	téléfô/n	téléphone

u. a.	**unter anderem**	ou/nte/r a/nde/re/m	parmi lesquels
usw.	**und so weiter**	ou/nt zo vaï/te/r	et ainsi de suite
vgl.	**vergleiche**	fê/rglaï/che	à comparer
z. B.	**zum Beispiel**	tsou/m baïchpil	par exemple
z. H.	**zu Händen**	tsou hê/nde/n	à l'attention de
z. Z.	**zur Zeit**	tsour tsaï/t	à présent

Foto: C. Schönfeld

Berlin

Foto: Gabriele Kalmbach

Dresden

Le savoir-vivre allemand

De sa population à la réputation travailleuse et droite à sa jeunesse extravertie et revendicatrice, sans doute trouverez vous l'Allemagne parfois bien différente de la France... En voici quelques exemples, empruntés ici est là à la vie de tous les jours:

– En Allemagne comme en France, l'usage est de vouvoyer autrui. Par contre, les personnes du même âge et les jeunes (enfants et étudiants) se tutoient fréquemment. Si un allemand vous propose le tutoiement, considérez cela comme une marque d'amitié et non pas seulement comme un manque de respect envers vous. La manière dont on vous accostera pour la première fois dépendra en grande partie de la région, du pays germanophone où vous vous trouverez. Nous vous conseillons le vouvoiement, si vous hésitez sur la manière d'aborder autrui pour la première fois. En Allemagne, on se salue en se serrant la main et non en s'embrassant. Entre connaissances ou amis, un signe ou un mot suffit. Si l'on rencontre un ami proche, on le serre dans ses bras. «La bise» se fait très rarement et ce, une seule fois entre personnes de même famille ou entre très bons amis.

Si vous êtes invité, n'oubliez pas un bouquet de fleurs ou une bouteille de vin. Si c'est un dîner, n'oubliez pas non plus de féliciter votre hôte pour sa cuisine ou son gâteau.

– En Allemagne, un feu rouge est un feu rouge. Méfiez-vous en! Ils sont très souvent équipés d'un systême photographique qui vous prendra peut-être en flagrant délit... et quelques jours plus tard, vous trouverez une amende dans votre boîte aux lettres!

– Ne prenez pas les panneaux «interdiction de fumer» à la légère et ne vous étonnez pas d'avoir une remontrance si vous enfreignez cette règle. La personne chez qui vous vous trouvez ne fume pas? Demandez lui la permission avant d'allumer une cigarette et ne soyez pas étonné si l'on vous propose d'aller la fumer dans le jardin ou sur le balcon. Pour résumer en deux mots ces deux derniers paragraphes: en Allemagne, lorsqu'il y a des règles, il faut les respecter.

– Notez aussi que les Allemands sont plus sensibles à leur environnement que nous ne le sommes. Vous aurez de multiples occasions de vous en apercevoir. Quelques exemples parmi tant d'autres: Il est très rare de trouver de l'eau minérale (gazeuze ou non) en bouteilles plastique; il y a beaucoup plus de magasins de produits «bio» qu'en France; les produits ménagers font la course à celui qui contiendra le moins d'agents polluants; partout il existe un important dispositif de récupération des détritus (journaux, bouteilles, objets en aluminium...); enfin il n'est pas rare de trouver différentes poubelles dans la même cuisine (une réservée aux déchets périssables, une autre pour les produits non recyclables, etc...).

– A propos de «cuisine», l'art de se restaurer diffère du nôtre. Pour en savoir plus, reportez vous au chapitre «Boire et manger» .

– Au café ou au restaurant, sachez aussi qu'il existe tous les deux possibilitès, soit qu'on paie ensemble, soit que chacun paie sa propre note. Au moment de partir, c'est le serveur qui demande: Getrennt oder zusammen? *(séparément ou ensemble?)* et ainsi calcule l'addition de chacun si on veut. On n'arrondit pas les prix en Allemagne; après tout, il existe encore des pièces de 1 et de 2 cents.

– Dernière constatation: Si vous prenez un train rapide (de type ICE, IC, etc...), vous devrez vous acquitter d'une taxe (IC-Zuschlag) que vous paierez soit au guichet lors de l'achat de votre billet, soit au contrôleur du train. Sûr ce, bon voyage!...

Nommer et aborder autrui

Comme son voisin français, l'allemand a un nom et un prénom. Il y a peu de temps encore, l'épouse prenait le nom de son mari. Elle avait aussi droit d'y ajouter son nom de jeune fille, ce qui formait un nom de famille double. Les enfants, eux, portaient systématiquement le nom du père.

Nommer et aborder autrui

Actuellement, chaque conjoint peut choisir si le nom de famille sera celui de l'époux ou de l'épouse. Chacun peut aussi conserver son nom. Dans ce cas, les enfants peuvent porter le nom du père ou celui de la mère.

Le terme Fräulein (frolaï/n *Mademoiselle) n'est plus employé. Vous l'entendrez éventuellement lorsque quelqu'un s'adresse à une jeune fille servant dans un café ou dans un restaurant; cependant ce terme reste désuet.*

Aborder autrui

La manière la plus polie d'aborder quelqu'un est d'employer:

Herr	**Frau**
hê/r	fraô
Monsieur	Madame

Tutoyer et Vouvoyer

On vouvoie les personnes que l'on ne connaît pas ou les personnes plus âgées que soi.

duzen	doutse/n	tutoyer
siezen	zitse/n	vouvoyer

Wollen wir uns duzen?
vole/n vir ou/ns doutse/n
voulons nous nous tutoyer
Est-ce que l'on se tutoie?

Wollen wir nicht du sagen?
vole/n vir nicht dou zague/n
voulons nous ne-pas tu dire
On se dit «tu»?

Le salut

Se rencontrer

Hallo!	halô	Salut!
Willkommen!	vilko/me/n	Bienvenue!
Guten Morgen!	goute/n morgue/n	Bonjour!
Guten Tag!	goute/n tag	Bonjour!
Guten Abend!	goute/n abe/nd	Bonsoir!

Écoutez sur votre smartphone les phrases marquées d'une oreille en utilisant le QR code!

Entre amis:

Wie geht's? (= geht es)
vi guéts (= g/ét ê/s)
comment va-il
Comment ça va?

Wie geht's, wie steht's?
vi guéts, vi chtéts
comment va-il, comment est-debout-il
Ça va?

Wie geht's dir?
vi guéts dir
comment va-il toi
Comment vas-tu?

Was gibt's Neues?
va/s gibts noïe/s
que donne-il nouveau
Quoi de neuf?

Wie isses? (= ist es)
vi issê/s (= ist ê/s)
comment est-il
Comment cela va-t-il?

Lange nicht gesehen!
la/ngue nicht guezé/n
longtemps ne-pas vu
Cela fait longtemps que l'on ne s'est (pas) vu.

Was machst / treibst du denn so?
va/s marst/traïbs dou dê/n zô
que fais/mènes tu donc ainsi
Que deviens-tu?

La personne que vous vouvoyez:

Wie geht es Ihnen?
vi guét ê/s i/ne/n
comment va il vous
Comment allez-vous?

Hervorragend.
hê/rforague/nd
remarquablement bien
Très bien, merci.

Danke, [mir geht es] (sehr) gut.
da/nke, [mir guét ê/s] (zé/r) gout
merci [moi va il] (très) bien
Je vais très bien, merci.

Nicht so gut.
nicht zô gout
ne-pas ainsi bien
Pas très bien.

So la la.
zô la la
ainsi la la
Comme ci, comme ça.

Nicht besonders.
nicht bezo/nde/rs
ne-pas spécialement
Pas spécialement bien.

Ich kann nicht klagen.
ich' ka/n nicht klague/n
je peux ne-pas plaindre
Je n'ai pas à me plaindre.

Se quitter

Tschüß!	tchus	Salut!	
Mach's gut!	mars gout	Bonne continuation!	*fait-ça bien*
Bis dann!	bis da/n	A la prochaine!	*jusqu'à ensuite*
Bis bald.	bis balt	A bientôt.	*jusqu'à bientôt*
Bis später!	bis chpête/r	A plus tard!	*jusqu'à tard-COMP*
Bis morgen.	bis morgue/n	A demain.	*jusqu'à demain*
Auf Wiedersehen.	aôf vide/rzé/n	Au revoir.	

Demander, remercier, désirer

Demander

Kannst du bitte ...?
ka/ns dou bite...
peux tu prière
Peux-tu ...
s'il te plaît?

Können Sie bitte...?
keu/ne/n zi bite...
pouvez vous prière
Pouvez-vous ...
s'il vous plaît?

Kannst du mir bitte mal helfen?
ka/ns dou mir bite mal hêlfe/n
peux tu me prière fois aider
Peux-tu m'aider s'il te plaît?

Ecoutez sur votre smartphone les phrases marquées d'une oreille en utilisant le QR code!

Können Sie mir bitte mal helfen?
keu/ne/n zi mir bite mal hêlfe/n
pouvez vous me prière fois aider
Pouvez-vous m'aider s'il vous plaît?

Bitte, setzen Sie sich!
bite zêtse/n zi zich'
prière, asseyez vous vous
Asseyez-vous, s'il vous plaît!

Wie bitte?
vi bite
comment prière
Pardon?
(lorsque l'on n'a pas saisi qch)

La réponse à bitte bite *(s'il te/vous plaît) est* danke.

Remercier

Danke (schön).
da/nke (cheu/n)
Merci (bien).

Vielen Dank.
file/n da/nk
Merci beaucoup.

Voici comment répondre si l'on vous dit danke:

Gern geschehen!
guê/rn gueché/n
volontiers passé
Je vous en prie.

Keine Ursache!
kaî/ne ourzare
aucune cause
De rien.

Nicht der Rede wert!
nicht dê/r réde vê/r/t
ne-pas le discours valeur
De rien./N'en parlons plus.

Désirer

Viel Glück!
fil gluk
beaucoup chance
Bonne chance!

Alles Gute!
ale/s goute
tout bien
Tous mes vœux!
Que tout se passe bien!

Herzlichen Glückwunsch (zum Geburtstag)!
hê/rtsliche/n glukvou/nch (tsou/m guebourstag)
sincère chance-souhait (pour anniversaire)
Joyeux Anniversaire!

Frohes neues Jahr!
frôe/s noïe/s iar
Bonne Année!

Frohe Ostern!
frôe oste/rn
Joyeuses Pâques!

Frohe Weihnachten!
frôe vaï/narte/n
Joyeux Noël!

Foto: Bielefeld Marketing

Weihnachtsmarkt, Bielefeld

Le premier abord

Écoutez sur votre smartphone les phrases marquées d'une oreille en utilisant le QR code!

Wie heißt du?
vi haï/s dou
comment appelles tu
Comment tu t'appelles?

Wie heißen Sie?
vi haïsse/n zi
comment appelez vous
Comment vous appelez-vous?

gIch heiße Claudia Schmidt.
ich' haïsse klaôdia chmit
je appelle Claudia Schmidt
Je m'appelle Claudia Schmidt.

Mein Name ist Michael Blümke.
maï/n na/me ist mich'aêl blu/mke
mon nom est Michael Blümke
Mon nom est Michael Blümke.

Woher bist / kommst du?
vohé/r bist / ko/mst dou
d'où es / viens tu
D'où est-ce que tu viens?

Woher sind / kommen Sie?
vohé/r zi/nt / ko/me/n zi
d'où êtes / venez vous
D'où êtes-vous?

Ich bin/komme aus Frankreich / Paris / Lyon.
ich' bi/n / ko/me aô/s fra/nkraïch' / pari/s / luon
je suis / viens de France / Paris / Lyon
Je viens de France. / Je suis de Paris / Lyon.

Wo wohnst du?
vô vô/ns dou
où habites tu
Où habites-tu?

Wo wohnen Sie?
vô vô/ne/n zi
où habitez vous
Où habitez-vous?

Ich wohne in Deutschland / Frankfurt / München / Hamburg.
ich' vô/ne i/n doïtchla/nd / fra/nkfour/t / mu/nch'en / ha/mbourg
je habite dans Allemagne / Francfort / Munich / Hambourg
J'habite en Allemagne, à Francfort / Munich / Hambourg.

Bist du / Sind Sie schon lange hier (in Deutschland)?
bis dou / zi/nt zi chô/n la/ngue hir (i/n doïtchla/nd)
es tu / êtes vous déjà longtemps ici (dans Allemagne)
Est-ce que cela fait longtemps que tu es / vous êtes en Allemagne?

Gefällt es dir in Deutschland?
guefêlt ê/s dir i/n doïtchla/nd
plaît il toi dans Allemagne
Est-ce que l'Allemagne te plaît?

Gefällt es Ihnen in Deutschland?
guefêlt ê/s i/ne/n i/n doïtchla/nd
plaît il vous dans Allemagne
Est-ce que l'Allemagne vous plaît?

Wie alt bist du?
vi alt bis dou
comment âgé es tu
Quel âge as-tu?

Wie alt sind Sie?
vi alt zi/nt zi
comment âgé êtes vous
Quel âge avez-vous?

Ich bin dreißig (Jahre alt).
ich' bi/n draïssich' (iare alt)
je suis trente (ans âgé)
J'ai trente ans.

Bist du verheiratet?
bis dou fê/raïrate/t
es tu marié(s)
Es-tu marié(s)?

Sind Sie verheiratet?
zi/nt zi fê/raïrate/t
êtes vous marié(s)
êtes-vous marié(s)?

Hast du Kinder?
has dou ki/nde/r
as tu enfants
As-tu des enfants?

Haben Sie Kinder?
habe/n zi ki/nde/r
avez vous enfants
Avez-vous des enfants?

Was bist du von Beruf?
va/s bis dou fo/n be/rouf
quoi es tu de métier
Quelle est ta profession?

Was sind Sie von Beruf?
va/s zi/nt zi fo/n be/rouf
quoi êtes vous de métier
Quelle est votre profession?

Ich bin ... ich' bi/n ... Je suis ...

Angestellter	a/nguechtêlte/r	salarié
Angestellte	a/nguechtêlte	salariée
Arbeiter(in)	arbaïte/r(i/n)	ouvrier, ouvrière
Arzt, Ärztin	artst, ê/rtsti/n	médecin
Friseur, Friseuse	frizeur, frizeuze	coiffeur, coiffeuse
Geschäftsmann	guechêftsma/n	homme d'affaires
Geschäftsfrau	guechêftsfraô	femme d'affaires
Handwerker(in)	ha/ndvê/rke/r(i/n)	artisan(e)
Hausmann	haôsma/n	homme au foyer
Hausfrau	haôsfraô	femme au foyer
Ingenieur(in)	i/ngénieur(i/n)	ingénieur
Journalist(in)	journalist(i/n)	journaliste
Lehrer(in)	lére/r(i/n)	professeur
Mechaniker(in)	méch'a/nike/r(i/n)	mécanicien(ne)
Rechtsanwalt	rêch'tsa/nvalt	avocat
Rechtsanwältin	rêch'tsa/nvêlti/n	avocate
Schüler(in)	chule/r(i/n)	écolier, écolière
Student(in)	chtoudê/nt(i/n)	étudiant(e)
Verkäufer(in)	fê/rkoïfe/r(i/n)	vendeur, vendeuse

Ich bin arbeitslos.
ich' bi/n arbaïtslô/s
je suis travail-sans
Je suis sans travail.

Ich bin (schon) Rentner(in).
ich' bi/n (chô/n) rê/ntne/r(i/n)
je suis (déjà) retraité(e)
Je suis (déjà) à la retraite.

Phrases et expressions

L'approbation

Ja!
ia
oui
Oui!

Sicher(lich)!
zich'e/r(lich')
sûr(ment)
C'est sûr!

Klar doch!
klar dor
clair si
C'est clair!

Genau!
gue/naô
précis
Exactement!

Richtig!
rich'tich'
exact
Exact!

Natürlich!
naturlich'
naturellement
Bien sûr!/ Naturellement!

Das ist wahr.
da/s ist war
ça est vrai
C'est vrai.

Du hast Recht.
dou hast rêch't
tu as droit
Tu as raison.

Sie haben Recht.
zi habe/n rêch't
vous avez droit
Vous avez raison.

In der Tat.
i/n dê/r tat
dans le action
En effet.

Einverstanden!
aï/nfê/rchta/nde/n
d'accord
D'accord!

Auf jeden Fall!
aôf iéde/n fal
sur tous cas
En tout cas./ Exactement!

Gute Idee!
goute idé
bonne idée
Bonne idée!

Ich bin ganz deiner / Ihrer Meinung.
ich' bi/n ga/ns daï/ne/r / ire/r maïnɔu/ng
je suis tout ton / votre opinion
Je suis tout à fait de ton / votre avis.

Phrases et expressions

Nein danke.
naï/n da/nke
non merci
Non merci.

Auf keinen Fall!
aôf kaï/ne/n fal
sur aucun cas
Il n'en est pas question! / Jamais!

Kommt nicht in Frage!
ko/mt nicht i/n frague
viens ne-pas dans question
Il n'en est pas question!

Du irrst dich. / Sie irren sich.
dou irst dich' / zi ire/n zich'
tu trompe toi / vous trompez se
Tu te trompes. / Vous vous trompez.

Das ist nicht so.
das ist nicht zô
ça est ne-pas ainsi
Ce n'est pas comme ça.

Damit bin ich nicht einverstanden.
da/mit bi/n ich' nicht aï/nfê/rchta/nde/n
avec-ça suis je ne-pas d'accord
Je ne suis pas d'accord.

Das glaube ich nicht.
da/s glaôbe ich' nicht
ça crois je ne-pas
Je ne crois pas.

Das gefällt mir nicht.
da/s guefêlt mir nicht
ça plaît moi ne-pas
Ça ne me plaît pas.

Quatsch!/Blödsinn!
cvatch / bleudzi/n
bêtise / idiot-sens
N'importe quoi!/Foutaises!

Inviter quelqu'un

Hast du / Haben Sie Lust, heute abend mit mir essen zu gehen?
has dou / habe/n zi loust hoïte abe/nt mit mir êssen tsou guée/n
as tu / avez vous envie aujourd'hui soir avec moi manger à aller
As-tu / avez-vous envie que nous allions manger ensemble ce soir?

Ich lade dich / Sie zum Essen ein!
ich' lade dich' / zi tsou/m êsse/n aï/n
je invite toi / vous à manger PRÉF
Je t' / vous invite à manger!

Ich lade dich / Sie zum Tee / Kaffee ein!
ich' lade dich' / zi tsou/m té / kafé aï/n
je invite toi / vous pour-le thé / café PRÉF
Je t' / vous invite à boire un thé / un café!

Hast du / Haben Sie morgen nachmittag / abend Zeit?
has dou / habe/n zi morgue/n narmitag / aben/t tsaït
as tu / avez vous demain après-midi / soir temps
Es-tu / êtes-vous libre(s) demain après-midi / soir?

Se réjouir

Das ist schön!
da/s ist cheu/n
ça est beau
C'est beau / bien!

Es / Das gefällt mir (sehr)!
ê/s / das guefêlt mir (sé/r)
il/ça plaît moi (beaucoup)
Ça me plaît (beaucoup)!

Das freut mich!
da/s froït mich'
ça réjouit moi
Ça me fait plaisir!

Ich freue mich!
ich' froïe mich'
je réjouis moi
Je me réjouis d'avance! /
Je suis content(e).

Ich bin froh darüber.
ich' bi/n frô darube/r
je suis joyeux au-dessus
J'en suis content(e).

Freut mich! / Angenehm!
froït mich' / a/ngue/né/m
réjouis moi / agréable
Ça me fait plaisir! / Enchanté!
(présentation d'une personne)

Phrases et expressions

Partager la tristesse de quelqu'un

Du Arme(r)! / Sie Arme(r)!
dou arme/r / zi arme/r
tu pauvre / vous pauvre
Mon / ma pauvre!

So ein Pech!
zô aï/n pêch'
ainsi une malchance
Quelle malchance!

Du tust mir wirklich leid!
dou toust mir virklich' laï/d
tu fais moi vraiment peine
Tu me fais vraiment de la peine!

Das tut mir leid!
da/s tout mir laï/d
ça fait moi peine
Ça me fait de la peine!

Dass dir das passieren musste!
da/s dir da/s passire/n mouste
que toi ça passer devait
Que ça t'arrive à toi!

Das kann ich gut verstehen!
da/s ka/n ich' gout fê/rchtée/n
ça peux je bien comprendre
Ça se comprend!

Ich weiß, wie dir / Ihnen zumute ist.
ich' vaï/s vi dir / ine/n tsou/moute ist
je sais comment toi / vous supporte est
Je sais ce que tu endures / vous endurez.

Consoler

Kopf hoch! kopf hôr	Hauts les cœurs!	*tête haute*
Nur Mut! nour mout	Du courage!	*seulement courage*
Das wird schon wieder! da/s vird chô/n vide/r	Ça va aller mieux!	*ça sera déjà à-nouveau*

Das kommt wieder in Ordnung.
da/s ko/mt vide/r i/n ordnou/ng
ça vient à-nouveau dans ordre
Ça va s'arranger.

Es hätte schlimmer sein können.
ê/s hê/te chli/me/r zaï/n keu/ne/n
ça aurait grave-COMP être pouvoir
Ça aurait pu être pire.

être indifférent

Das ist mir (scheiß-)egal.
da/s ist mir (chaï/s-)égal
ça est moi (merde-)égal
Ça m'est égal. *(je m'en fiche)*

Das ist mir wurscht.
da/s ist mir vourcht
ça est moi saucisse
Je n'en ai rien à faire.

Na und? na ou/nt	Et alors!
Entscheide du! ê/ntchaïde dou	Décides toi!
Entscheiden Sie! / ê/ntchaïden zi	Décidez vous!

Mach, was du willst.
mar va/s dou vilst
fais quoi tu veux
Fais ce que tu veux.

Phrases et expressions

Hésiter

Ich weiß nicht.
ich' vaï/s nicht
je sais ne-pas
Je ne sais pas.

Ich bin mir nicht sicher.
ich' bi/n mir nicht zich'er
je suis moi ne-pas sûr
Je ne suis pas sûr de moi./ J'hésite.

Ich weiß nicht, was ich tun soll.
ich' vaï/s nicht va/s ich' tou/n zol
je sais ne-pas quoi je fais dois
Mais qu'est-ce que je dois faire?

Was soll ich denn machen?
va/s zol ich' dê/n mare/n
quoi dois je donc faire
Je ne sais pas ce que je dois faire.

Ich kann mich nicht entscheiden.
ich' ka/n mich' nicht ê/ntchaïde/n
je peux moi ne-pas décider
Je n'arrive pas à me décider.

Ich habe keine Ahnung.
ich' habe kaï/ne a/noung
je ai aucun pressentiment
Je n'en ai aucune idée.

Raconter

Hör mal, ...!
heur mal
écoute fois
Ecoute,...!

Weißt du, was mir passiert ist?!
vaï/s dou va/s mir passirt ist
sais tu quoi moi passé est
Tu sais ce qui m'est arrivé?!

Ich habe gehört, dass ...
ich' habe gueheurt da/s
je ai entendu que
J'ai entendu que...

Sieht so aus, als ...
zit zô aô/s als
voit comme-ça hors-de que
On dirait que...

Mir ist heute vielleicht was passiert!
mir ist hoïte filaïcht va/s passirt
moi est aujourd'hui peut-être quoi passé
Il m'est arrivé quelque chose d'incroyable aujourd'hui!

Ich habe erfahren, dass ...
ich' habe ê/rfare/n da/s
je ai appris que
J'ai appris que...

Donner son avis

Ich glaube / denke / meine, dass ...
ich' glaôbe / dê/nke / maï/ne da/s
je crois / pense / dis que
Je crois / pense / dis, que ...

Ich bin überzeugt, dass ...
ich' bi/n ube/rtsoïgt da/s
je suis convaincu que
Je suis convaincu(e) que...

Meiner Meinung nach ...
maï/ne/r maï/nou/ng nar
mon opinion après
A mon avis ...

Convaincre

Glaub mir! / Glauben Sie mir!
glaôb mir / glaôbe/n zi mir
crois moi / croyez vous moi
Crois-moi! / croyez-moi!

Hör doch mal zu!
heur dor mal tsou
écoute si fois PRÉF
Mais écoute donc!

Ich bin mir sicher, dass ...
ich' bi/n mir zich'e/r da/s
je suis moi sûr que
Je suis sûr(e) que ...

Wenn ich es dir / Ihnen doch sage!
vê/n ich' ê/s dir / i/ne/n dor zague
quand je il toi / vous si dit
Mais si je te / vous le dis!

Das kannst du mir glauben!
da/s ka/nst dou mir glaôbe/n
ça peut tu moi croire
Tu peux me croire!

Ich weiß es aus sicherer Quelle.
ich' vaï/s ê/s aô/s zich'e/re/r cvêle
je sais il hors-de sûre source
Je sais cela de source sûre.

être mécontent

Das ärgert mich (maßlos).
da/s ê/rgue/rt mich' (ma/slô/s)
ça énerve moi (démesurément)
Ça m'énerve.
(...mais ça m'énerve!)

Ich bin sauer / wütend.
ich' bi/n zaôe/r / vute/nd
je suis amer / en-colère
Je suis mécontent(e)/en colère.

Das ist ja wohl nicht zu glauben!
da/s ist ia vôl nicht tsou glaôbe/n
ça est oui bien ne-pas à croire
Je n'en crois pas mes oreilles!

Das ist ja unerhört!
da/s ist ia ou/n/ê/rheurt
ça est oui inouï
C'est scandaleux!

Das ist ja wohl die Höhe!
da/s ist ia vôl di heuhe
ça est oui bien la sommet
Ça c'est le bouquet!

Nicht zu fassen / glauben!
nicht tsou fasse/n glaôbe/n
ne-pas à saisir / croire
Incroyable!

Schweinerei! / Sauerei!
chvaï/ne/raï / zaôeraï
cochonnerie / «truie-rie»
Obscénité! / Cochonnerie!

Jetzt reicht's aber!
iêtst raïchts abe/r
maintenant suffit-ça mais
Maintenant, cela suffit!

Espérer

Hoffentlich!
hofe/ntlich'
pourvu que
Espérons!

Ach, wenn doch nur …
ar vê/n dor nour
ah quand si seulement
Ah, si seulement …

Ich wünschte, es wäre so!
ich' vu/nchte ê/s vê/re zô
je désirais il fût comme-ça
J'aimerais que ce soit comme ça!

Wenn wir nur … könnten!
vê/n vir nour keu/nte/n
quand nous seulement pouvions
Si nous pouvions seulement … !

Ich hoffe, du kommst bald!
ich' hofe dou ko/ms/t bald
je espère tu viens bientôt
J'espère que tu viens bientôt!

Wie gern würde ich jetzt …
vi guê/rn vurde ich' iêtst
comme volontiers ferais je maintenant
Comme j'aimerais maintenant …

être étonné

So eine Überraschung!
zô aï/ne ube/rachou/ng
ainsi une surprise
Quelle surprise!

Das ist aber eine Überraschung!
da/s ist abe/r aï/ne ube/rachou/ng
ça est mais une surprise
Ça c'est une surprise!

Das überrascht mich (nicht).
da/s ube/racht mich' (nicht)
ça étonne moi (ne-pas)
Ça (ne) m'étonne (pas)

Damit habe ich nicht gerechnet.
da/mit habe ich' nicht guerêchne/t
avec-ça ai je ne-pas compté
Je ne m'attendais pas à ça.

Was ist (denn) passiert?
va/s ist (dê/n) passirt
Quoi est (donc) passé
Que s'est-il (donc) passé?

Wirklich?
virklich'
vraiment
Vraiment?

Nicht möglich!
nicht meuglich'
ne-pas possible
Impossible!

Das ist ja unglaublich!
da/s ist ia ou/nglaôblich'
ça est oui incroyable
Incroyable!

Mein Gott! / O weia!
maï/n got / ô vaïa
mon Dieu! / oh mal!
Mon Dieu! / Oh la la!

S'ennuyer

Ich langweile mich.
ich' la/ngvaïle mich'
je ennuie moi
Je m'ennuie.

Das langweilt mich (zu Tode).
da/s la/ngvaïlt mich' (tsou tôde)
ça ennuie moi (à mort)
Je m'ennuie (à mort).

Das ist stinklangweilig.
da/s ist chti/nkla/ngvaïlich'
ça est pue-ennuyeuxain
C'est rasoir.

So was Fades.
zô va/s fade/s
si quoi fade
C'est d'un ennuyeux.

Das ist ja nicht auszuhalten.
da/s ist ia nicht aô/stsouhalte/n
ça est oui ne-pas PRÉF-à-supporter
C'est insupportable.

être déçu

Das hätte ich nicht von dir / Ihnen / ihm / ihr gedacht.
da/s hête ich' nicht fo/n dir / i/ne/n / i/m / ir guedart
ça aurais je ne-pas de toi / vous / lui / elle pensé
Je n'aurais pas pensé ça de toi / vous / lui / elle.

Du enttäuschst mich.
dou ê/ntoïcht mich'
tu déçois moi
Tu me déçois.

Ich bin (wahnsinnig) enttäuscht.
ich' bi/n (va/nzi/nich') ê/ntoïcht
je suis (follement) déçu
Je suis très déçu(e).

Das hat sich nicht gelohnt.
da/s ha/t zich' nicht guelô/nt
ça a se ne-pas payé
Ça n'a servi à rien.

Wenn ich das gewusst/geahnt hätte!
vê/n ich' da/s guevoust / guea/nt hête
quand je ça su / douté aurais
Si j'avais su!

Da kann man nichts machen.
da ka/n ma/n nichts mare/n
là peut on rien faire
Là, il n'y a rien à faire.

Traurig, aber wahr.
traôrich' abe/r var
triste mais vrai
C'est triste, mais c'est comme ça.

Avoir peur

Ich habe einen Mordsschiss.
ich' habe aï/ne/n mordchi/s
je ai une mort-chiasse
J'ai la trouille.

Ich habe (wahnsinnige) Angst.
ich' habe (va/nzi/nigue) a/ngst
je ai (folle) peur
J'ai une peur (bleue).

Ich traue mich nicht.
ich' traôe mich' nicht
je ose moi ne-pas
Je n'ose pas.

Ich bin ganz krank vor Angst.
ich' bi/n ga/ns kra/nk for a/ngst
je suis tout malade devant peur
Je suis mort(e) de peur.

Foto: Hans-Jürgen Fründt

Hamburg, Alster

Er macht sich fast in die Hosen.
ê/r mart sich' fast i/n di hoze/n
il fait se presque dans les pantalons
Il en fait presque dans son «froc».

Se défendre

Das stimmt (doch / ja) gar nicht!
da/s chti/mt (dor / ia) gar nicht
ça est-exact (si / oui) complétement ne-pas
Ce n'est (absolument) pas vrai!

Nerv nicht!
nê/rf nicht
énerve ne-pas
Arrête de m'énerver!

Du spinnst ja!
dou chpi/nst ia
tu files oui
Tu as une araignée dans le plafond!

Das habe ich nie gesagt!
da/s habe ich' ni guezagt
ça ai je jamais dit
Je n'ai jamais dit ça!

Das glaubst du doch wohl selber nicht!
da/s glaôbs dou dor vôl zêlbe/r nicht
ça crois tu si bien même ne-pas
Tu n'y crois pas toi-même!

Lass mich in Ruhe!
la/s mich' i/n rou/e
laisse moi dans paix
Laisse moi tranquille!

S'excuser

Entschuldigung! / Verzeihung!
ê/ntchouldigou/ng / fê/rtsaïou/ng
excuse / pardon
Excuse moi! / Pardon!

Ich bitte um Entschuldigung.
ich' bite ou/m ê/ntchouldigou/ng
je prie pour excuse
Je vous prie de m'excuser.

Es tut mir leid.
ê/s tou/t mir laï/d
il fait moi peine
Je suis désolé(e).

Das war keine Absicht.
da/s var kaï/ne apzich't
ça était pas intention
Je n'ai pas fait exprès.

Es wird nicht wieder passieren.
ê/s vird nicht vide/r passire/n
ça va ne-pas à-nouveau passer
Ça ne se reproduira pas.

Être invité chez quelqu'un

Comme en France, il est d'usage en Allemagne d'apporter un petit cadeau lorsqu'on est invité chez quelqu'un. S'il ne s'agit ni d'un anniversaire, ni d'une fête spéciale, un bouquet de fleurs, une boîte de chocolats ou une bonne bouteille de vin seront les bienvenus. Attention: le bouquet de roses n'est réservé qu'aux rendez-vous galants. Les sucreries ou les jouets, eux, seront très appréciés des enfants.

Haben Sie morgen abend Zeit?
habe/n zi morgue/n abe/nt tsaï/t
avez vous demain soir temps
Êtes-vous libre demain soir?

Ich lade Sie zum Essen ein.
ich' lade zi tsou/m êsse/n aï/n
je invite vous pour manger PRÉF
Je vous invite à manger.

Bringen Sie Ihren Freund mit!
bri/ngue/n zi ire/n froï/d mit
amenez vous votre ami PRÉF
Venez donc avec votre ami!

Vielen Dank für die Einladung!
file/n da/nk fur di aï/nladou/ng
beaucoup merci pour la invitation
Merci pour l'invitation!

Ich komme gern.
ich' ko/me guê/rn
je viens volontiers
Je viens avec plaisir.

Ich habe leider schon etwas vor.
ich' habe laïde/r chô/n êtva/s fôr
je ai hélas déjà quelque-chose PRÉF
Hélas, j'ai déjà quelque chose de prévu.

Es tut mir leid, aber morgen kann ich nicht.
ê/s tou/t mir laï/d abe/r morgue/n ka/n ich' nicht
ça fait moi peine mais demain peux je ne-pas
Je suis désolé(e), je ne peux pas venir demain.

Vielleicht ein andermal.
filaïch't aï/n a/nde/rmal
peut-être une autre-fois
Ce sera pour une autre fois.

Das Essen ist hervorragend!
da/s êsse/n ist hé/rfôrague/nd
le repas est remarquable
Le repas est délicieux!

Es schmeckt ganz ausgezeichnet!
ê/s chmêkt ga/ns aôsguetsaïchne/t
il a-le-goût tout excellent
C'est excellent!

Wie heißt dieses Gericht?
vi haï/st dize/s guericht
comment s'-appelle ce plat
Quel est le nom de ce plat?

Möchten Sie noch etwas?
meuchte/n zi nor ê/tva/s
désirez vous encore quelque-chose
Désirez-vous encore quelque chose?

Ja, bitte.
ia bite
oui, prière
Oui, s'il vous plaît.

Nein, danke.
naï/n da/nke
non, merci
Non, merci.

Danke, das ist genug.
da/nke da/s ist gue/nouk
merci ça est assez
Non, merci, j'en ai assez.

Kann ich noch etwas Brot haben?
ka/n ich' nor ê/tva/s brô/t habe/n
peux je encore qch pain avoir
Est-ce que je peux reprendre du pain?

Être invité chez quelqu'un

Es ist schon spät.
ê/s ist chô/n chpê/t
il est déjà tard
Il se fait tard.

Ich muss jetzt leider gehen.
ich' mou/s iêtst laïde/r gué/n
je dois maintenant hélas aller
Il faut que j'y aille.

Es war ein sehr schöner Abend!
ê/s var aï/n zé/r cheu/ne/r abe/nd
il était un très beau soir
C'était une très bonne soirée!

Das nächste Mal kommen Sie zu mir.
da/s nêxte mal ko/me/n zi tsou mir
la prochaine fois venez vous chez moi
C'est vous qui venez chez moi la prochaine fois.

La famille

Frau (-en, f)	fraô(-e/ n)	femme(s)
Mann (Männer, m)	ma/n(mê/ne/r)	homme(s)
Ehefrau (f)	é/efraô	épouse
Ehemann (m)	é/e/ma/n	époux
Großmutter (f)	grô/s moute/r	grand-mère
Großvater (m)	grô/s fate/r	grand-père
Mutter (Mütter, f)	moute/r(mute/r)	mère(s)
Vater (Väter, m)	fate/r(fê/te/r)	père(s)
Tante / Onkel (f / m)	ta/nte / o/nke/l	tante / oncle
Schwägerin (f)	chvêgue/ri/n	belle-sœur
Schwager (m)	chvague/r	beau-frère
Mädchen (n)	mêdche/n	fille
Junge (m)	iou/ngue	garçon

Tochter (Töchter, f)	torte/r(teuch'te/r)	fille(s)
Sohn (Söhne, m)	zô(n)(zeu/ne)	fils
Schwester (-n, f)	chvê/ste/r(-n)	sœur(s)
Bruder (Brüder, m)	broude/r(brude/r)	frère(s)
Nichte / Neffe (f / m)	nich'te / nêfe	nièce / neveu
Enkelin (f)	ê/nke/li/n	petite-fille
Enkel (m)	ê/nke/l	petit-fils
Cousine (f)	kouzi/ne	cousine
Cousin (m)	kouzin	cousin
verlobt	fê/rlôpt	fiancé(e)
verheiratet	fê/raïrate/t	marié(e)
geschieden	gue/chide/n	divorcé(e)
verwitwet	fê/rvitve/t	veuf(ve)

Le temps

Bien sûr, il arrive aussi que l'on parle de la «pluie» et du «beau temps» en Allemagne, le sujet privilégié lorsqu'on ne sait trop quoi se dire. Toutefois, sachez que le climat météorologique des côtes de la mer du nord s'apparente en tout point à celui des Pays-Bas. Il règne dans le reste de l'Allemagne un climat continental qui se caractérise par la présence de vents de faible force, de pluies peu abondantes. Les températures montent en été et peuvent devenir très basses en hiver.

Le temps

eisig / eiskalt	aï/zich' / aï/skalt	glacial(e) / glacé(e)
frisch	frich	frais(fraiche)
Hagel (m)	hague/l	grêle
Hitze (f)	hitse	chaleur
Hoch- / Tiefdruckgebiet (n)	hôrdroukguebi/t tifdroukguebi/t	région à haute/ basse pression
kühl, kalt	kul, kalt	froid(e)
mild	mil/d	doux(douce)
Nebel (m)	né/be/l	brouillard
Niederschlag (m)	nide/rchlag	averse
Regen (m)	régue/n	pluie
Schnee (m)	chné	neige
Schneesturm (m)	chnéchtourm	tempête de neige
schön	cheu/n	beau(belle)
schwül	chvul	lourd
sommerlich	zo/me/rlich	'estival(e)
sonnig	zo/nich'	ensoleillé(e)
Sturm (m)	chtourm	tempête
Temperatur (f)	tê/mpératour	température
Wetterlage (f)	vête/rlague	situation météorologique
Wind (m)	vi/n/t	vent
windig	vi/ndich'	venteux(euse)
wolkenlos	volke/nlô/s	dégagé(e)

Foto: Daniel Krasa

Frankfurt

Es frischt auf.
ê/s fricht aôf
il rafraîchit PRÉF
Ça se rafraîchit.

Es hat ... Grad (über / unter Null).
ê/s ha/t ... gra/d (ube/r / ou/nte/r noul)
il a ... degré (au-dessus / au-dessous zéro)
Il fait ... degrés (au-dessus / au-dessous de zéro).

Es hat minus ... Grad.
ê/s ha/t minou/s ... gra/d
il a moins ... degré
Il fait moins ...

So ein Sauwetter!
zô aï/n zaôvête/r
ainsi un truie-temps
Quel temps de chien!

Wie wird das Wetter?
vi vird da/s vête/r
comment va le temps
Quel temps va-t-il faire?

Heute soll es schönes Wetter[4] geben.
hoïte zol ê/s cheu/ne/s vête/r guébe/n
aujourd'hui doit il beau temps donner
Il devrait faire beau temps aujourd'hui.

Es soll morgen aber wieder besser werden.
ê/s zol morgue/n abe/r vide/r bêsse/r vê/rde/n
il doit demain mais à-nouveau meilleur devenir
Mais ça devrait s'améliorer demain.

La sympathie et la tendresse

Ich mag dich.
ich' mag dich'
je aime-bien toi
Je t'aime bien.

Ich finde dich sehr sympathisch.
ich' fi/nde dich' zé/r su/mpatich'
je trouve toi très sympathique
Je te trouve très sympathique.

Du bist echt / wirklich nett.
dou bist êch't / virklich' nê/t
tu es vrai / vraiment gentil
Tu es vraiment gentil(le).

Möchtest du mit mir tanzen?
meuchte/s dou mi/t mir ta/ntse/n
désires tu avec moi danser
Veux-tu danser avec moi?

Ich liebe dich.
ich' libe dich'
je aime toi
Je t'aime.

Ich liebe dich auch.
ich' libe dich' aôr
je aime toi aussi
Je t'aime aussi.

Ich habe mich in dich verliebt.
ich' habe mich' i/n dich' vê/rlibt
je ai moi dans toi tombé-amoureux
Je suis tombé(e) amoureux(se) de toi.

Ich möchte mit dir schlafen.
ich' meuchte mi/t dir chlafe/n
je désire avec toi dormir
Je voudrais coucher avec toi.

Ich will nicht.
ich' vil nicht
je veux ne-pas
Je ne veux pas.

Ich habe meine Tage.
ich' habe maï/ne tague
je ai mes jours
J'ai mes règles.

Nimmst du die Pille?
ni/ms dou di pile
prends tu la pilule
Est-ce que tu prends la pilule?

Hast du Kondome[4] dabei?
has dou ko/ndô/me dabaï
as tu préservatifs sur-soi
Est-ce que tu as des préservatifs sur toi?

Lass mich in Ruhe!
la/s mich' i/n rou/e
laisse moi dans paix
Laisse moi tranquille.

Du gehst mir auf die Nerven!
dou gué/st mir aôf di nê/rfe/n
tu vas moi sur les nerfs
Tu me tapes sur les nerfs.

flirten	fleurte/n	flirter
verliebt sein	fê/rlipt zaï/n	être amoureux
streicheln	chtraïch'eln	caresser
schmusen	chmouze/n	câliner
Kuss (Küsse,m)	kou/s (kusse)	bise(s)
küssen	kusse/n	embrasser
schlafen mit	chlafe/n mi/t	coucher avec quelqu'un
eifersüchtig sein	aïfe/rzuch'tich' zaï/n	être jaloux(se)
untreu sein	ou/ntroï zaï/n	être infidèle
vergewaltigen	fê/rguevaltigue/n	violer
Verhütung (f)	fê/rutou/ng	contraception
Kondom (-e, n)	ko/ndô/m(e)	préservatif(s)
Pille (f)	pile	pilule
Schwule (-n, m)	chvoule(-n)	homo(s)
Lesbe (-n, f)	lê/sbe(-/n)	lesbienne(s)
schwul / lesbisch	chvoul / lê/sbich	homosexuel(le)

Vous vous déplacez ...

Attention, le nom des villes et des régions allemandes n'est souvent pas le même en français:

Frankreich	fra/nkraïch'	France
Deutschand	doïtchla/nd	Allemagne
Aachen	are/n	Aix-la-Chapelle
Berlin	bê/rli/n	Berlin
Bremen	bré/me/n	Brême
Bonn	bo/n	Bonn
Dresden	dré/sde/n	Dresde
Frankfurt	fra/nkfour/t	Francfort
Freiburg	fraïbourg	Fribourg
Hamburg	ha/mbourg	Hambourg
Hannover	ha/nôve/r	Hanovre
Magdeburg	makdebourg	Magdebourg
Mainz	maï/n/s	Mayence
München	mu/nch'e/n	Munich
Nürnberg	nurnbê/rg	Nuremberg

Foto: C. Schönfeld

Berlin

Les 16 Bundesländer (bou/nde/slê/nde/r / régions autonomes allemandes) et leurs capitales:

Baden-Wurttemberg	**(Stuttgart)**
Bayern	**(München)**
Berlin	
Brandenburg	**(Postdam)**
Bremen	
Hamburg	
Hessen	**(Wiesbaden)**
Mecklenburg-Vorpommern	**(Schwerin)**
Niedersachsen	**(Hannover)**
Nordhein-Westfalen	**(Düsseldorf)**
Rheinland-Pfalz	**(Mainz)**
Saarland	**(Saarbrücken)**
Sachsen	**(Dresden)**
Sachsen-Anhalt	**(Magdeburg)**
Schleswig-Holstein	**(Kiel)**
Thüringen	**(Erfurt)**

... en ville

Wo ist ...?
vô ist
où est
Où se trouve ...?

Wie weit ist es bis zu / nach ...?
vi vaï/t ist ê/s bi/s tsou/nar
comment loin est il jusque à/vers
A quelle distance se trouve ...?

Wie komme ich zu / nach ...?
vi ko/me ich' tsou/nar
comment viens je à / vers
Comment puis-je me rendre à ...?

Ich möchte zu dieser Adresse.
ich' meuchte tsou dize/r adrêsse
je désire à cette adresse
J'aimerais me rendre à cette adresse.

Vous vous déplacez ...

Ist es sehr weit?
ist ê/s zé/r vaï/t
est il très loin
Est-ce que c'est loin?

Kann man zu Fuß gehen?
ka/n ma/n tsou fou/s gué/n
peut on à pied aller
Peut-on s'y rendre à pieds?

Es ist nicht sehr weit.
ê/s ist nicht zé/r vaï/t
il est ne-pas très loin
Ce n'est pas très loin.

Es ist ganz nah.
ê/s ist ga/n/s na
il est tout près
C'est tout près.

Nehmen Sie den Bus[4] / ein Taxi[4]!
né/me/n zi dê/n bou/s / aï/n taxi
prenez vous le bus / un taxi
Prenez le bus / un taxi!

Wie heißt diese Straße?
vi haï/s/t dize chtrasse
comment s'appelle cette rue
Comment s'appelle cette rue?

Ist das die ...-Straße?
ist da/s di...-chtrasse
est ça la ...-rue
Est-ce que c'est la rue ...?

Ist das Museum geöffnet?
ist da/s mouzêou/m gue/eufne/t
est le musée ouvert
Est-ce que le musée est ouvert?

Wann ist der Zoo geöffnet?
va/n ist dê/r tsô gue/eufne/t
quand est le zoo ouvert
Quand est-ce que le zoo est ouvert?

Kann man das Schloss[4] besichtigen?
ka/n ma/n da/s chlo/s bezich'tigue/n
peut on le château visiter
Peut-on visiter le château?

Ausgang (-gänge, m)	aô/sga/ng(-guê/ngue)	sortie(s)
Brücke (-n, f)	bruke(-/n)	pont(s)
Denkmal (-mäler, n)	dê/nkmal(mê/le/r)	monument(s)
Eingang (-gänge, m)	aï/nga/ng(-guê/ngue)	entrée(s)
Fußgängerzone (-n, f)	fou/sguê/n/gue/rtsô/ne(-/n)	zone(s) piétonne(s)
Kirche (-n, f)	kirch'e(-/n)	église(s)
Marktplatz (-plätze, m)	markplats(-plê/tse)	place(s) du marché

Museum (Museen, n)	mouzé/ou/m (mouzé/n)	musée(s)
Park (-s, m)	park(-s)	parc(s)
Rathaus (-häuser, n)	rataô/s(-hoïze/r)	mairie(s)
Schloss (Schlösser, n)	chlo/s (chleusse/r)	château(x)
Stadion (Stadien, n)	chtadio/n (chtadie/n)	stade(s)
Theater (=, n)	téate/r	théâtre(s)
Universität (-en, f)	ou/nivê/rzitê/t(-e/n)	université(s)
Zoo (-s, m)	tsô(-s)	zoo(s)

Les directions

(nach) rechts	(nar) rêcht/s	à droite
(nach) links	(nar) li/nks	à gauche
geradeaus	gue/radeaô/s	tout droit
zurück	tsouruk	en revenant
gegenüber	gué/guenube/r	en face
folgen Sie ...!	folgue/n zi	suivez ...!
gehen Sie ...!	gué/n zi	allez ...!
weit — nah	vaï/t na	loin près
hier — dort	hir dor/t	ici là-bas
neben	nébe/n	à côté
vor — hinter	for hi/nte/r	devant derrière
an der Ecke	a/n dê/r êke	au coin
Kreuzung (-en, f)	kroïtsou/ng(-e/n)	carrefour(s)
Ampel (-n, f)	a/mpe/l(-n)	feu(x)
abbiegen	apbiguen	tourner
außerhalb der Stadt	aôsse/rhalp dê/r chta/t	à l'extérieur de la ville
im Zentrum	i/m tsê/ntrou/m	au centre

Können Sie mir das bitte auf dem Stadtplan zeigen?
keu/ne/n zi mir da/s bite aôf dé/m chtatpla/n tsaïgue/n
pouvez vous moi ça prière sur le plan-de-ville montrer
Est-ce que vous pouvez me montrer ça sur le plan de la ville, svp?

... en taxi

En Allemagne, les taxis se distinguent par leur couleur blanche et leur enseigne lumineuse sur le toit. On peut héler les taxis dans la rue, les trouver à leur station et on peut aussi téléphoner aux centrales. Le prix obligatoire est fixé par les mairies. Les prix ne doivent donc pas varier dans la même commune. Attendez vous toutefois à payer plus cher si vous avez appelé votre taxi par téléphone ou si la course s'effectue de nuit. Quoiqu'il en soit, si vous devez parcourir une grande distance, veillez à fixer, dès le départ, le tarif de la course. En général on arrondit alors cette somme légèrement au-dessus pour le pourboire.

Bringen Sie mich bitte zur Oper / nach Schwabing.
bri/ngue/n zi mich' bite tsour ô/pe/r / nar chvabi/ng
emmenez vous moi prière à opéra / vers Schwabing
Emmenez-moi à l'opéra / Schwabing*, s'il vous plaît.

Schwabing est un quartier bien connu à Munich. On emploie nach lorsqu'il s'agit de lieux comme des quartiers, une ville, etc.

Ich möchte in die Klenzestraße 13.
ich' meuchte i/n di klê/ntsechtrasse draïtsé/n
je voudrais dans la klenze-rue 13
Conduisez-moi au 13, Klenzestrasse.

Ich habe es sehr eilig.
ich' habe ê/s sé/r aïlich'
je ai il très pressé
Je suis très pressé(e).

Wieviel wird das ungefähr kosten?
vifil vird da/s ou/nguefê/r koste/n
combien va ça environ coûter
Ça va chercher dans les combien?

Ich möchte hier aussteigen.
ich' meuchte hir aô/schtaïgue/n
je voudrais ici descendre
Je voudrais descendre ici.

Danke, der Rest ist für Sie.
da/nke dê/r rê/st ist fur zi
merci le reste est pour vous
Merci, vous pouvez garder le reste.

Bitte halten Sie hier an.
bite halte/n zi hir a/n
prière arrêtez vous ici PRÉF
Arrêtez-vous ici, svp.

Wieviel macht das?
vifil mart da/s
combien fait ça
Ça fait combien?

Ich brauche eine Quittung.
ich' braôre aï/ne cvitou/ng
je ai-besoin un reçu
J'ai besoin d'un reçu.

... en bus

En ville, il est souvent très difficile de circuler en voiture, vu le manque de places de parking. Les transports en commun proposent, en général, des tarifs intéressants ainsi que des billets de réduction de toutes sortes; par exemple des Regionalkarten (cartes régionales), des Mehrtages-, Mehrfahrten-, Mehrpersonenkarten (cartes d'abonnement pour plusieurs jours ou plusieurs voyages, des billets de groupe).

On trouve donc souvent tout un éventail de formules à prix réduits: renseignez-vous auprès du Fremdenverkehrsamt (Service administratif de la circulation des étrangers) ou de l'Auskunftsstelle der städtischen Verkehrsbetriebe (Bureau de renseignements des services de transports municipaux).

Chaque ville a sa propre Verkehrsverbund (Compagnie de la circulation). Cela signifie que les prix et les tickets sont différents d'une ville à l'autre. La carte d'abonnement des transports en commun de Munich ne peut donc pas être utilisée à Stuttgart ou à Hambourg.

Bus (-e, m)	bou/s(-se)	bus
U-Bahn (-en, f)	ou ba/n(-e/n)	métro(s)
S-Bahn (-en, f)	ê/s ba/n(-e/n)	train(s) de banlieue
Straßenbahn (-en, f)	chtrasse/nba/n(-e/n)	tramway(s)
Haltestelle (-n, f)	haltechtêle(-n)	arrêt(s) / station(s)
Busbahnhof (-höfe, m)	bou/sba/nhôf(heufe)	gare(s) routière(s)
Fahrplan (-pläne, m)	farpla/n(-plê/ne)	plan(s) de circulation
Fahrkarte (-n, f)	farkarte(-/n)	ticket(s) / billet(s)
Fahrkartenautomat (-en, m)	farkarte/naôtôma/t (-e/n)	distributeur(s) automatique(s) des tickets
einsteigen	aï/nchtaïgue/n	monter
aussteigen	aô/s/chtaïgue/n	descendre
umsteigen	ou/mchtaïgue/n	prendre une correspondance

Ich möchte zum Bahnhof (fahren).
ich' meuchte tsou/m ba/nhôf (fare/n)
je voudrais à-la gare (aller)
Je voudrais me rendre à la gare.

Können Sie mir sagen, welche Linie ins Zentrum fährt?
keu/ne/n zi mi/r zague/n vêlche lini/e i/ns tsê/ntrou/m fê/rt
pouvez vous moi dire laquelle ligne dans-le centre va
Est-ce que vous pouvez me dire quelle ligne va dans le centre?

Eine Fahrkarte[4] bis Haltestelle «Dom», bitte.
aï/ne farkarte bi/s haltechtêle dô/m bite
un ticket jusque arrêt dôme prière
Un ticket pour la station «le Dôme», s'il vous plaît.

Bitte sagen Sie mir, wann ich aussteigen muss.
bite zague/n zi mir va/n ich' aô/s/chtaïgue/n mou/s
prière dites vous moi quand je descendre dois
Pouvez-vous me dire quand je dois descendre, s'il vous plaît.

... en train

Prévoyez un moment d'attente si vous achetez un billet au guichet. Vous serez plus vite servi en utilisant un automate; par contre, il ne vous délivrera que les billets d'une certaine région. C'est en vous adressant à une agence de voyages portant le signe DER que vous aurez le meilleur service.

Il vous est possible de réserver ou d'acheter un billet de train uniquement dans ce genre d'agence et dans les gares. L'employé de l'agence est souvent plus accueillant et mieux disposé à vous donner des renseignements.

Vous pouvez bénéficier de tarifs de groupe à partir de 3 personnes. Renseignez-vous, cela en vaut la peine.

Vous vous déplacez ...

La BahnCard (ba/nkard- carte de réduction ferroviaire) est valable 1 an. Grâce à elle, vous pourrez voyager dans toute l'Allemagne à moitié prix. Par contre, les taxes que vous aurez à payer sur les trains (de type IC, par exemple) ne seront pas exonérées. Votre BahnCard sera très vite amortie si vous devez parcourir des grandes distances plusieurs fois dans l'année.

Bahnhof (-höfe, m) ba/nhôf(heufe)	gare(s)
Bahnsteig (-e, m) ba/nchtaïg(-/e)	quai(s)
Gleis (-e, n) glaï/s(-ze)	voie(s)
Bahn (-en, f) ba/n(-e/n)	chemin(s) de fer
Zug (Züge, m) tsouk (tsugue)	train(s)
Schlafwagen (=, m) chlafvague/n	wagon(s)-lit
Liegewagen (=, m) liguevague/n	voitures couchette
Liegeplatz (-plätze, m) ligueplat/s(-plê/tse)	mouillage(s)
Abteil (-e, n) aptaï/l(-e)	compartiment(s)
Reservierung (-en, f) rézê/rvirou/ng(-/e/n)	réservation(s)
einfache Fahrt aï/nfare fart	aller simple
Hin- und Rückfahrt hi/n ou/nt rukfart	aller-retour
erste/zweite Klasse ê/rste / tsvaï/te klasse	1ère/2éme classe
Abfahrt Ankunft apfart a/nkou/nft	départ arrivée
abfahren apfaren	partir
ankommen a/nko/me/n	arriver
Platznummer (f) platsnou/me/r	numéro de place
täglich außer têglich' aôsse/r	tous les jours, sauf
Fahrkartenschalter (=, m) farkarte/nchalte/r	guichet(s)
Fahrkartenautomat (m) farkarte/naôtôma/t	distributeur automatique de billets
Gepäck (sg n) guepêk	bagage(s)
Gepäckaufbewahrung (sg f) guepêkaôfbevarou/ng	consigne

Wie komme ich am besten nach ...?
vi ko/me ich' a/m bê/ste/n nar
comment viens je au mieux vers
Le meilleur chemin pour aller ...?

Wann fährt der Zug nach ...?
va/n fê/rt dê/r tsouk nar
quand roule le train vers
A quelle heure part le train pour...?

Eine einfache Fahrkarte nach ...
aï/ne aï/nfare farkarte nar
une simple billet vers
Un aller simple pour ...

Wieviel kostet die Fahrt nach ...?
vifil ko/ste/t di fart nar
combien coûte le trajet vers
Combien est-ce que ça coûte pour aller à ...?

Braucht man für diesen Zug[4] einen Zuschlag[4]?
braôrt ma/n fur dize/n tsouk aï/ne/n tsouchlag
a-besoin on pour ce train un supplément
Faut-il payer une taxe supplémentaire pour ce train?

Gibt es eine Ermäßigung[4] für Studenten[4]?
gib/t ê/s aï/ne ê/rmêssigou/ng fur chtoudê/nte/n
donne il une réduction pour étudiants
Y a-t-il des tarifs réduits pour les étudiants?

Von welchem Gleis fährt der Zug nach Köln ab?
fo/n vêlche/m glaï/s fê/rt dê/r tsouk nar keuln ap
de quelle voie part le train vers Cologne PRÉF
A quelle voie part le train de Cologne?

Vous vous déplacez ...

Wann fährt der Zug nach ... ab?
va/n fê/rt dê/r tsouk nar ap
quand part le train vers...PRÉF
A quelle heure part le train pour...?

Ist das der Zug nach ...?
ist da/s dê/r tsouk nar
est ça le train vers
Est-ce que c'est le train pour ...?

Wann kommt der Zug in ... an?
va/n ko/mt dê/r tsouk i/n a/n
quand vient le train dans...
A quelle heure arrive le train à ...?

Hat der Zug Verspätung?
hat dê/r tsouk fê/rchpêtou/ng
PRÉFa le train retard
Est-ce que le train a du retard?

Muss ich umsteigen?
mou/s ich' ou/mchtaïgue/n
dois je PREF-monter
Est-ce que je dois prendre une correspondance?

Ist dieser Platz noch frei?
ist dize/r plats nor fraï
est cette place encore libre
Est-ce que cette place est encore libre?

Foto: Gabriele Kalmbach

Dresden

... en avion

Comme dans tous les aéroports, vous pourrez vous débrouiller en parlant anglais. Voici toutefois quelques phrases «type» qui vous seront utiles.

Ich möchte einen Flug[4] nach ... buchen für Montag, den 1. April.
ich' meuchte aï/ne/n flouk nar...boure/n fur mo/ntag dê/n ê/rste/n april
je voudrais un vol vers ... réserver pour lundi le premier avril
Je désirerais réserver un vol pour ... pour partir le 1er avril.

Wie komme ich zum Flughafen[3]?
vi ko/me ich' tsou/m flukhafe/n
comment viens je au aéroport
Comment se rend-on à l'aéroport?

Wieviel früher muss ich am Flughafen[3] sein?
vifil frue/r mou/s ich' a/m flukhafe/n zaï/n
combien tôt-COMP dois je à-l aéroport être
Combien de temps à l'avance est-ce que je dois être à l'aéroport?

Ich möchte einen Platz[4] am Fenster / Gang[3].
ich' meuchte aï/ne/n plat/s a/m fê/nste/r / ga/ng
je voudrais une place à fenêtre / couloir
Je désirerais une place au hublot / contre le couloir.

Haben Sie Kopfhörer[4] / eine Schlafmaske[4] / eine Decke[4] für mich?
habe/n zi kopfheure/r / aï/ne chlafmaske / aï/ne dêke fur mich'
avez vous écouteurs / un sommeil-masque / une couverture pour moi
Vous n'auriez pas des écouteurs / un masque pour dormir / un plaid pour moi?

Vous vous déplacez ...

... en voiture

Auto (-s, n)	aôto(-/s)	auto(s)
Führerschein (-e, m)	fure/rchaï/n(-e)	permis de conduire
Fahrzeugschein (-e, m)	fartsoïgchaï/n(-e)	papiers du véhicule
Hauptstraße (-en, f)	haôptchtrasse(-/n)	route(s) principale(s)
Landstraße (-en, f)	la/ndchtrasse(-/n)	route(s) départementale(s)
Einbahnstraße (-en, f)	aï/nba/nchtrasse(-/n)	rue(s) à sens unique
Schnellstraße (-en, f)	chnêlchtrasse(-/n)	voie(s) rapide(s)
Autobahn (-en, f)	aôtôba/n(-e/n)	autoroute(s)
Geschwindigkeit (-en, f)	guechvi/ndich'kaï/t(-e/n)	vitesse(s)
Vorfahrt (sg f)	forfart	priorité
Parkplatz (-plätze, m)	parkplat/s(-plêtse)	place(s) de stationnement
Parkhaus (-häuser, n)	parkhaô/s(-hoïze/r)	garage(s) (à plusieurs étages)
Parkgebühr (-en, f)	parkguebur(-e/n)	frais de stationnement
parken	parke/n	stationner
abbiegen	apbigue/n	tourner
weiterfahren	vaï/te/rfare/n	continuer tout droit
zurückfahren	tsourukfare/n	faire demi-tour

Entschuldigen Sie bitte, wie komme ich zur Berliner Straße[3]?
ê/ntchouldigue/n zi bite vi ko/me ich' tsour bê/rli/ne/r chtrasse
excusez vous prière comment viens je à berlinoise rue
Excusez-moi, svp, comment puis-je me rendre à la Berliner Straße?

**Fahren Sie immer geradeaus,
an der Ampel biegen Sie nach links ab.**
fare/n zi i/me/r gueradeaô/s a/n dê/r a/mpe/l bigue/n zi nar li/nks ap
allez vous toujours tout-droit à le feu tournez vous vers gauche PRÉF
Continuez toujours tout droit, au feu, vous tournez à gauche.

Indications de la circulation

Achtung!	artou/ng	attention!
Ausfahrt	aôsfart	sortie (de véhicules)
Baden verboten	baden fê/rbôte/n	baignade interdite
Baustelle (-n, f)	baô/chtêle(-/n)	travaux
bei Nässe	baï nêsse	par temps de pluie
Einbahnstraße (-n, f)	aï/nba/nchtrasse(-/n)	rue(s) à sens unique
Einfahrt freihalten	aï/nfart fraïhalte/n	ne pas stationner, sortie de véhicules
geöffnet	gue/eufne/t	ouvert
geschlossen	guechlosse/n	fermé
Hochspannung	hôrchpa/nou/ng	haute tension
Lebensgefahr	lébe/nsguefar	danger de mort
Spurrillen	chpourile/n	sortes de stries longitudinales pouvant déstabiliser un véhicule par temps de pluie
Umleitung (-en, f)	ou/mlaïtou/ng(-e/n)	déviation(s)

Foto: C. Schönfeld

Alle Richtungen – Toutes directions

Faire le plein

Tankstelle (-n, f)	ta/nkchtêle(-/n)	station(s) service
tanken	ta/nke/n	prendre de l'essence
volltanken	folta/nke/n	faire le plein
Selbstbedienung (sg f)	zêlbstbedi/nou/ng	self-service
destilliertes Wasser (n)	déchtilirte/s vasse/r	eau(x) distillée(s)
Luftdruck (sg m)	louftdrouk	pression
Kanister (=, m)	ka/niste/r	bidon(s)
Benzin (sg n)	bê/nzi/n	essence
Normal(benzin) (sg n)	normal (bê/nzi/n)(	de l' ordinaire
Super /	zoupe/r /	(du) super /
Diesel (sg n)	dize/l	(du) diesel
bleifrei	blaïfraï	sans plomb
Öl (sg n)	eul	huile
Ölwechsel (=, m)	eulvêxe/l	vidange

L'accident et la panne

Sur l'autoroute, pour trouver le prochain poste téléphonique de secours afin de signaler un accident, il vous suffit de suivre la direction des flèches disposées au bord de la route. Arrivé devant le poste de secours, relevez le clapet pour être immédiatement en contact avec la centrale de secours. Mentionnez alors le kilométrage inscrit sur le revers du clapet du poste où vous vous trouvez (il correspond à votre lieu d'appel, ainsi qu'à la direction dans laquelle vous alliez). Vous pourrez alors expliquer la cause de votre appel.

Ich befinde mich auf der A2[3] am Kilometer ... in Richtung Hannover.
ich' befi/nde mich' aôf dê/r a tsvaï a/m kilôméte/r ... i/n rich'tou/ng ha/nôve/r
je trouve moi sur la A2 au kilomètre ... dans direction Hanovre
Je me trouve sur l'A2, le kilométrage inscrit est ... et je roule en direction d'Hanovre.

*Si vous le désirez, vous pouvez aussi appeler l'*ADAC (Allgemeiner Deutscher Automobil-Club)*, l'Automobile-Club allemand, qui vous viendra en aide pour les petites pannes.*

Ich habe einen Motorschaden[4] / Unfall[4].
ich' habe aï/ne/n môtôrchade/n / ou/nfal
je ai un moteur-dommage / accident
J'ai des ennuis de moteur / un accident.

Es gibt (keine) Verletzte.
ê/s gibt (kaï/ne) fê/rlêtste
il donne (aucun) blessés
Il y a des blessés / il n'y a pas de blessés.

Rufen Sie die Polizei[4] / den Krankenwagen[4].
roufe/n zi di pôlitsaï / dê/n kra/ke/nvague/n
appelez vous la police / la ambulance
Appelez la police / une ambulance.

Der / die / das ... ist kaputt.
dê/r / di / da/s ...ist kapou/t
le / la / le/la ... est cassé
Le / la / le/la ... est en panne.

Der / die / das ... funktioniert nicht.
dê/r / di / da/s ... fou/nksio/nirt nicht
le / la / le/la ... fonctionne ne-pas
Le / la / le/la ... ne fonctionne pas.

L'accident et la panne

Abschleppseil (-e, n)	apchlêpzaï/l(-e)	barre(s) de traction
Achse (-n, f)	axe(-/n)	axe(s)
Anlasser (=, m)	a/nlasse/r	démarreur(s)
Auspuff (sg m)	aô/spouf	pot d'échappement
Batterie (-n, f)	batéri(-/n)	batterie(s)
Blinker (=, m)	bli/nke/r	clignotant(s)
Bremse (-n, f)	brê/mze(-/n)	frein(s)
Bremsflüssigkeit (f)	brê/mzflussich'kaï/t	liquide de freins
Ersatzteil (-e, n)ê/rzatstaï/l(-e)		pièce(s) de rechange
Getriebe (=, n)	gue/tribe	boîte(s) de vitesses / transmission(s)
Keilriemen (=, m)	kaïlri/me/n	courroie(s)
Kotflügel (=, m)	kotflugue/l	aile(s) (de voiture)
Kühler (=, m)	kule/r	radiateur(s)
Kupplung (-en, f)	kouplou/ng(-/e/n)	embrayage(s)
Motor (-en, m)	môtôr(-/e/n)	moteur(s)
(Winter-)Reifen (=, m)(vi/nte/r) raïfe/n		pneu(s) (-neige)
Reparatur (-en, f)	réparatour(-e/n)	réparation(s)
(Gang-)Schaltung (f)	(ga/ng) chaltou/ng	boîte (de vitesses)
Scheinwerfer (=, m)	chaï/nvê/rfe/r	phare(s)
Schneeketten (pl f)	chnékête/n	chaînes pour la neige
Stoßdämpfer (=, m)	chtô/s dê/mpfe/r	amortisseur(s)
Vergaser (=, m)	fê/rgaze/r	carburateur(s)
Wagenheber (=, m)	vague/nhébe/r	cric(s)
Warndreieck (-e, n)	varndraïëk(-e)	triangle(s)
Zündkerze (-n, f)	tsu/ndkê/rtse(-/n)	bougie(s)

Können Sie mich bis zur nächsten Tankstelle abschleppen?
keu/ne/n zi mich' bi/s tsour nêxte/n ta/nkchtêle apchlêpe/n
poussez vous moi jusque vers prochaine station-service tracter
Pouvez-vous me tracter jusqu'à la prochaine station service?

Können Sie das reparieren?
keu/ne/n zi da/s réparire/n
pouvez vous ça réparer
Est-ce que vous pouvez me réparer ça?

Ich brauche Ihren Namen und Anschrift[4] für die Versicherung[4].
ich' braôre ire/n na/me/n ou/nt a/nchrift
fur di fê/rzich'e/rou/ng
je ai-besoin votre nom et adresse pour la assurance
J'ai besoin de vos nom et adresse pour l'assurance.

Important: Sur les autoroutes allemandes, on n'a le droit de tracter soi-même un véhicule que jusqu'à la prochaine sortie. C'est ensuite une compagnie agréée qui devra poursuivre le dépannage.

Foto: C. Schönfeld

L'hébergement

À l'hôtel

Haben Sie ...?	habe/n zi	Avez-vous ...?
Ich möchte ...	ich' meuchte	Je désire, je voudrais ...
Wir möchten ...	vir meuchte/n	Nous désirons, nous voudrions ...
Wieviel kostet ...?	vifil koste/t	Combien coûte ...?
ein Einzelzimmer	aï/n aï/ntse/ltsi/me/r	une chambre simple
ein Doppelzimmer	aï/n dope/ltsi/me/r	une chambre double
mit WC / Toilette	mi/t vé tsé / toualête	avec WC / cabinet de toilette
mit Dusche	mi/t douche	avec douche
mit Fernseher	mi/t fê/rnzée/r	avec télévision
mit Frühstück	mi/t fruchtuk	avec petit déjeuner
mit Halbpension	mi/t halbpê/nziô/n	avec demi-pension
mit Vollpension	mi/t folpê/nziô/n	avec pension complète
für eine Nacht	fur aï/ne nart	pour une nuit
für zwei Nächte	fur tsvaï nêch'te	pour deux nuits
für eine Woche	fur aï/ne vore	pour une semaine

Ist das Frühstück inbegriffen?
ist da/s fruchtuk i/nbegrife/n
est le petit-déjeuner inclus
Est-ce que le petit déjeuner est compris?

Wann gibt es Frühstück[4]?
va/n gibt ê/s fruchtuk
quand donne il petit-déjeuner
A quelle heure sert-on le petit déjeuner?

Kann ich das Zimmer[4] sehen?
ka/n ich' da/s tsi/me/r zé/n
peux je la chambre voir
Est-ce que je peux voir la chambre?

Ich reise morgen ab.
ich' raïze morgue/n ap
je voyage demain PRÉF
Je m'en vais demain.

Bitte wecken Sie mich morgen um sieben Uhr.
bite vêke/n zi mich' morgue/n ou/m zibe/n our
prière réveillez vous moi demain autour sept heures
Réveillez-moi demain à 7h, s'il vous plaît.

Es fehlt / fehlen ...	ê/s félt / féle/n	Il manque / ils manquent ...
... funktioniert nicht.	fou/nksio/nirt nicht	... ne fonctionne pas.
... ist kaputt.	ist kapou/t...	est cassé / ... ne marche pas.
Aufzug (-züge, m)	aôftsouk(-tsugue)	ascenseur(s)
Bett (-en, n)	bê/t(-e/n)	lit(s)
Bettwäsche (sg f)	bê/tvêche	linge de nuit
Decke (-n, f)	dêke(-/n)	couverture(s)
Dusche (-n, f)	douche(-/n)	douche(s)
Fenster (=, n)	fê/nste/r	fenêtre(s)
Handtuch (-tücher, n)	ha/ndtour(-tuch'e/r)	serviette(s)
Kaltwasser (sg n)	kaltvasse/	reau froide
Kissen (=, n)	kisse/n	coussin(s)
Licht (sg n)	lich't	lumière
Schlüssel (=, m)	chlusse/l	clef(s)
Steckdose (-n, f)	chtêkdôze(-/n)	prise(s) de courant
Stuhl (Stühle, m)	chtoul (chtule)	chaise(s)
Tisch (-e, m)	tich(-e)	table(s)
Toilette (-n, f)	toualête(-/n)	toilettes
Toilettenpapier (sg n)	toualête/npapir	papier hygiénique
Tür (-en, f)	tur(-e/n)	porte(s)
Warmwasser (sg n)	varmvasse/r	eau chaude

Le camping

Le camping sauvage est rarement autorisé. Pour votre sécurité, nous vous conseillons d'aller dans des terrains de camping.

En Allemagne, le voltage est de 220 volts (de 50 à 60 Hertz). Notez que vous ne trouverez que des prises de terre. Certains appareils électriques français de fabrication ancienne nécessitent un adaptateur si on veut les utiliser en Allemagne. Par contre, vous n'aurez aucun mal à vous procurer des piles dans les supermarchés, les grands magasins, les drogueries et souvent aussi dans les stations-service.

Campingplatz (-plätze, m) kê/mpi/ngplats(-plêtse)	camping(s)
Elektrizität (f) élêktritsitê/t	électricité
Gaskocher (=, m) gazkore/r	réchaud(s)
Hering (-e, m) hé/ri/ng(-/e)	piquet(s)
Kinder unter ... Jahren ki/nde/r ou/nte/r ... iare/n	enfants âgés de moins de ... ans
Luftmatratze (-n, f) louftmatratse(-/n)	matelas pneumatique(s)
Rucksack (-säcke, m) roukzak(zêke)	sac(s) à dos
Sanitärgebäude (=, n) zanitê/rgueboïde	(les) sanitaires
Schlafsack (-säcke, m) chlafzak(zêke)	sac(s) de couchage
Spirituskocher (=, m) chpiritouskore/r	alcool à brûler
Stellplatz (-plätze, m) chtêlplat/s(-plê/tse)	emplacement(s)
Strom (m) chtrô/m	courant
Thermosflasche (-n, f) tê/rmôsflache(-/n)	bouteille(s) thermos

Trinkwasser (n) tri/nkvasse/r	eau potable
Wohnmobil (-e, n) vô/nmôbil(-e)	camping-car(s)
Wohnwagen (=, m) vô/nvague/n	caravane(s)
Zelt (-e, n) tsêlt(-e)	tente(s)

Wieviel kostet ein Stellplatz für ein Wohnmobil[4]?
vifi̱l koste/t aï/n chtêlplat/s fur aï/n vô/nmôbil
combien coûte un pose-place pour un camping-car
Combien coûte l'emplacement pour un camping-car?

Wieviel kostet eine Nacht pro Person mit einem Zelt[3]?
vifi̱l koste/t aï/ne nart prô pê/rzô/n mit aï/ne/m tsêlt
combien coûte une nuit pour personne avec une tente
Combien coûte la nuit par personne avec une tente?

Wo sind die ... Duschen / Waschräume / Toiletten?
vô zi/nt di ... douche/n / vachroï/me / toualête/n
où sont les ... douches / lave-pièces / toilettes
Où sont les ... douches / les salles d'eau / les toilettes?

Boire et manger

Le rituel culinaire allemand est très différent de celui que l'on rencontre en France. En règle générale, on prend un petit déjeuner copieux le matin, un repas chaud à midi et un repas froid à base de tranches de pain que l'on tartine, le soir. Toutefois, il est fréquent de se retrouver en fin de journée pour aller dîner quelque part.

Les mœurs évoluant, il n'est pas rare de trouver des familles chez qui le petit déjeuner est pris tardivement, vers 11 heures par exemple (il s'apparente au brunch). Il est alors suivi (ou non) d'un autre repas, succint vers 14/15 heures. Le soir, un dîner chaud plus consistant est alors servi.

Puisque le français a la réputation d'avoir un «bon coup de fourchette», voici encore quelques détails sur les rites culinaires allemands qui satisferont votre curiosité...

Le petit déjeuner ou «brunch»:

Il est copieux et se compose le plus souvent de pain, beurre, confiture, d'un œuf mollet (jamais à la coque), de charcuteries, de fromages, voire même de crudités et de condiments (moutarde, cornichons, raifort...). Chacun dispose alors d'une Brett (brê/t planchette de bois), sur laquelle il pourra confectionner la tartine de son choix en cumulant chacune des denrées proposées. Le tout est accompagné, comme en France, d'une boisson chaude (grand café non corsé, thé, chocolat, etc...) ou d'un jus de fruit. Beaucoup se confectionnent aussi un müsli (musli muesli, mélange de céréales, de fruits secs, de fruits frais et de lait ou de yaourtpouvant être agrémenté de miel ou de sucre).

Le repas chaud (de midi ou du soir):

Il s'apparente au repas français si ce n'est que tous les plats sont proposés en même temps sur la table (hors-d'œuvre, viande, poisson, légumes, salade). A cet effet, à côté du verre, à droite de l'assiette, on dispose une coupelle pouvant contenir l'entrée ou la salade.

Il est d'usage que chacun se serve par petites doses mais plusieurs fois.

Ce repas n'est que rarement accompagné d'un dessert et jamais de fromage.

Le repas froid du soir: Abendbrot

Comme nous l'avons énoncé plus haut, il est à base de tranches de pain que l'on tartine. Il s'apparente au petit déjeuner copieux du natin. Toutefois, le verre de vin ou la bière, l'eau minérale gazeuze pour les enfants, remplacent les boissons chaudes.

Un mot pour terminer. Comme il est aussi de coutume dans le nord de la France, les allemands consomment en général beaucoup de café (ou de thé). Le café, bu tout au long de la journée est servi dans de grandes tasses. Il n'est pas corsé et souvent accompagné de lait. Lorsqu'on le sucre, c'est avec du sucre en poudre ou bien en morceaux. N'oublions pas, bien sûr, les fameuses bières de toutes sortes et le vin, appréciés au dîner ou plus tard dans la soirée.

Bar (-s, f)	bar(-s)	bar(s)
Biergarten (-gärten, m)	birgarte/n(-guêrte/n)	jardin(s) ou terrasse(s) où l'on consomme de la bière
Bistro (-s, n)	bistrô(-/s)	bistrot(s)
Café (-s, n)	kafé(-/n)	café(s)
Gasthof (-höfe, m)	gasthôf(heufe)	auberge(s)
Gaststätte (-n, f)	gastchtê/te(-/n)	auberge(s)
Imbissstand (-stände, m)	i/mbis/chta/nd	snack(s)
Kiosk (-e, m)	kiosk(-e)	kiosque(s)
Kneipe (-n, f)	knaïpe(-/n)	bistrot(s)
Lokal (-e, n)	lôkal(-e)	café(s)-restaurant(s)
Restaurant (-s, n)	rê/stôra/nt(-s)	restaurant(s)
Schnellimbiss (m)	chnêli/mbi/s	fast-food (restaurant rapide)
Weinkeller (=, m)	vaï/nkêle/r	cave(s) à vin
Weinstube (-n, f)	vaï/nchtoube(-/n)	bar(s) à vin
Würstchenbude (-n, f)	vurstch'e/nboude(-/n)	snack(s) spécialisé(s) dans la vente de saucisses
Abendbrot (n)	abe/ndbrô/t	repas (pain) du soir
Abendessen (n)	abe/ndêsse/n	(le) dîner
zu Abend essen	tsou abe/nd êsse/n	dîner (v.)

Essen (n)	êsse/n	repas
Frühstück (n)	fruchtuk	petit déjeuner
frühstücken	fruchtuke/n	prendre le petit déjeuner
Imbiss (m)	i/mbi/s	en-cas
Mittagessen (n)	mitag/êsse/n	(le) déjeuner
zu Mittag essen	tsou mitag êsse/n	déjeuner (v.)
zum Mittagessen	tsou mitag êsse/n	à déjeuner (qu'y a-t-il à déjeuner)
Zwischenmahlzeit (f)	tsviche/nmaltsaï/t	en-cas

Au restaurant

Pour appeler le serveur, il suffit de lever légèrement la main. En effet, les expressions consacrées Ober (ôbe/r garçon) ou Kellner (kêlne/r serveur) sont démodées. Si la personne qui sert est une jeune fille, on pourra éventuellement, et ce, seul dans les cafés, l'appeler en disant Fräulein (frolaï/n mademoiselle).

Beilagen (pl)	baïlague/n	garniture
Dessert (-s, n)	désse/r(s)	dessert(s)
Hauptgang (-gänge, m)	haôptga/ng(-guê/ngue)	plat(s) principal(aux)
Hauptgericht (-e, n)	haôptguerich't(-e)	plat(s) principal(aux)
Nachspeise (-n, f)	narchpaïze(-/n)	dessert(s)
Suppe (-n, f)+	zoupe(-/n)	soupe(s)
Vorspeise (-n, f)	forchpaïze(-/n)	hors-d'œuvre

Kellner! / Ober!
kêlne/r / ôbe/r
serveur / garçon
Garçon!

Fräulein!
frôlaï/n
mademoiselle
Mademoiselle!

Boire et manger

Haben Sie schon gewählt?
habe/n zi chô/n guevêlt
avez vous déjà choisi
Vous avez choisi?

Kann ich bitte die Speisekarte[4] haben?
ka/n ich' bite di chpaïzekarte habe/n
peux je prière la plat-carte avoir
Puis-je avoir la carte, s'il vous plaît?

Was möchten Sie trinken?
va/s meuchte/n zi tri/nke/n
quoi voudriez vous boire
Que désirez-vous boire?

Was darf ich Ihnen bringen?
va/s darf ich' i/ne/n bri/ngue/n
quoi peux je vous apporter
Que dois-je vous servir?

Ich hätte gerne ...
ich' hête guê/rn
je aurais volentiers
Je voudrais ...

Können Sie uns etwas empfehlen?
keu/ne/n zi ou/ns ê/tva/s ê/mpféle/n
pouvez vous nous qch conseiller
Est-ce que vous avez qch à nous proposer?

Guten Appetit!
goute/n apéti/t
bon appétit
Bon appétit!

Prost! / Zum Wohl!
prô/st / tsou/m vôl
tchin-tchin / au bonheur
Tchin-tchin! / A la vôtre!

Das Fleisch ist zäh.
da/s flaïch ist tsê
la viande est dure
La viande est dure.

Das Essen ist kalt / versalzen.
da/s êsse/n ist kalt / fê/rzaltse/n
le repas est froid / trop-salé
Le repas est froid / trop salé.

Hat es Ihnen geschmeckt?
ha/t ê/s i/ne/n guechmêkt
a il vous été-bon
Est-ce que vous avez aimé?

Das habe ich nicht bestellt.
da/s habe ich' nicht bechtêlt
ça ai je ne-pas commandé
Ce n'est pas ce que j'ai commandé.

Die Rechnung, bitte.
di rêchnou/ng bite
la addition prière
L'addition, s'il vous plaît.

Danke, stimmt so.
da/nke chti/mt zô
merci vrai ainsi
Merci, le compte est bon.

Es fehlt ein / eine ...
ê/s félt aï/n / aï/ne
Il manque un / une ...

Bringen Sie noch ein / eine / einen ...[4]
bri/ngue/n zi nor aï/n / aï/ne
Veuillez apporter encore un / une ...

Becher (=, m)	bêch'e/r	gobelet(s) / pot(s)
Besteck (-e, n)	bechtêk(-e)	couvert(s)
Bierglas (-gläser, n)	birgla/s(-glêze/r)	verre(s) de bière
Flasche (-n, f)	flache(-/n)	bouteille(s)
Gabel (-n, f)	gabe/l(-n)	fourchette(s)
Glas (Gläser, n)	gla/s(glêze/r)	verre(s)
Kaffeelöffel (=, m)	kaféleufe/l	cuillère(s) à café
Karaffe (-n, f)	karafe(-/n)	carafe(s)
Löffel (=, m)	leufe/l	cuillère(s)
Messer (=, n)	mêsse/r	couteau(x)
Serviette (-n, f)	zê/rviête(-/n)	serviette(s)
Tasse (-n, f)	tasse(-/n)	tasse(s)
Teller (=, m)	têle/r	assiette(s)
Untertasse (-n, f)	ou/nte/rtasse	soucoupe(s)
Weinglas (-gläser, n)	vaï/ngla/s(glêze/r)	verre(s) à vin

Il est toujours un peu plus cher d'aller manger à l'extérieur que de manger chez soi.

Sachez que les restaurants italiens sont toujours les moins onéreux. Les auberges proposent, elles aussi, des petits plats à prix raisonnables.

Un peu plus chers, mais toujours relativement bon marché, sont les restaurants chinois et asiatiques. Les allemands sont en général de bons mangeurs; chaque région à sa spécialité. Laissez-vous tenter, vous serez étonnés.

Les plats		
Bratkartoffeln	bra/tkartofe/ln	pommes de terre rôties
Forelle blau	forêle blaô	truite au bleu
Gulasch	goulach	goulash
Hackbraten	hakbrate/n	viande hachée présentée sous forme de rôti et cuite au four
Hühnerfrikassee	hu/ne/rfrikassé	fricassée de poule
Kartoffelpüree	kartofe/lpuré	purée de pommes de terre
Kasseler mit Grünkohl	kasse/le/r mi/t gru/nkôl	porc fumé au chou
(Kartoffel-) Knödel	(kartofe/l-) kneude/l	boulette(s) de pommes de terre
Königsberger Klopse	keu/nigsbê/rgue/r klopse	petite boulette de viande hachée à la façon du königsberg
Maultaschen	maôltache/n	sorte de gros ravioli qui peut être consommé à la main, dans une soupe ou en sauce
Rouladen	roulade/n	paupiettes
saures Lüngerl	zaôre/s lu/nguerl	morceaux de poumons assaisonnés d'une sauce piquante
Schweinebraten	chvaï/nebrate/n	rôti de porc
Spätzle	chpêtse/le	petites pâtes irrégulières aux œufs frais confectionnées dans le sud de l'Allemagne
Strammer Max	chtra/me/r max	tranche de pain recouverte d'une tranche de jambon, d'un œuf et de fromage, passée au four

Les fruits		
Ananas (=, f)	a/na/na/s	ananas
Apfel (Äpfel, m)	apfe/l(êpfe/l)	pomme(s)
Aprikose (-n, f)	aprikôze(-/n)	abricot(s)
Banane (-n, f)	ba/na/ne(-/n)	banane(s)
Birne (-n, f)	birne(-/n)	poire(s)

Erdbeere (-n, f)	êrdbére(-/n)	fraise(s)
Grapefruit (-s, f)	grépfrou/t(-/s)	pamplemousse(s)
Himbeere (-n, f)	hi/mbé/r(-e/n)	framboise(s)
Kirsche (-n, f)	kirche(-/n)	cerise(s)
Mandarine (-n, f)	ma/ndari/ne(-/n)	mandarine(s)
Orange (-n, f)	ora/nge(-/n)	orange(s)
Pfirsich (-e, m)	pfirzich'(-e)	pêche(s)
Pflaume (-n, f)	pflaô/me(-/n)	prune(s)
Weintraube (-n, f)	vaï/ntraôbe(-/n)	raisin(s)
Zitrone (-n, f)	tsitrô/ne(-/n)	citron(s)

Les condiments et les épices		
Curry (m)	ke/ri	curry
Essig (m)	êssich'	vinaigre
Knoblauch (m)	knôblaôr	ail
Kümmel (m)	ku/me/l	cumin
Öl (n)	eul	huile
Paprika (m)	paprika	paprika
Petersilie (f)	péte/rsilie	persil
Pfeffer (m)	pfêfe/r	poivre
Salz (n)	zalts	sel
Schnittlauch (m)	chnitlaôr	ciboulette
Senf (m)	zê/nf	moutarde
Zimt (m)	tsi/mt	cannelle
Zucker (m)	tsouke/r	sucre

Les légumes et les céréales		
Aubergine (-n, f)	ôbê/rgi/ne(-/n)	aubergine(s)
Blumenkohl (m)	blou/me/nkôl	chou(x)-fleur(s)
Broccoli (m)	brôkôli	brocoli(s)
Erbse (-n, f)	ê/rbse(-/n)	(petits) pois
grüne Bohnen (pl)	gru/ne bô/ne/n	haricots verts
grüner Salat (-e, m)	gru/ne/r zala/t(e)	salade(s) verte(s)

Gurke (-n, f)	gourke(-/n)	concombre(s)
Karotte (-n, f)	karote(-/n)	carotte(s)
Kartoffel (-n, f)	kartofe/l(-/n)	pomme(s) de terre
Mais (m)	maï/s	maïs
Paprikaschote (-n, f)	paprikachôte(-/n)	poivron(s)
Pilz (-e, m)	pil/s(-ze)	champignon(s)
Reis	raï/s	riz
Roggen (m)	rogue/n	seigle
Rosenkohl (m)	rôze/nkôl	chou(x) de Bruxelles
Spargel (m)	chpargue/l	asperge(s)
Spinat (m)	chpi/na/t	épinard(s)
Tomate (-n, f)	tô/mate(-/n)	tomate(s)
Weizen (m)	vaï/tse/n	froment
Zucchini (pl)	tsouki/ni	courgette(s)
Zwiebel (-n, f)	tsvibe/l(-/n)	oignon(s)

La préparation et l'assaisonnement		
bitter	bite/r	amer(ère)
frittiert	fritirt	frit(e)
gar	gar	cuit(e) à point
gebacken	guebake/n	cuit(e) au four
gebraten / gegrillt	guebrate/n / guegrilt	rôti(e) / grillé(e)
gekocht	guekort	bouilli(e), cuit(e)
geräuchert	gue/roïche/rt	fumé(e)
gewürzt	guevurtst	épicé(e)
gut durch	gou/t dourch	bien cuit(e)
halbgar	halpgar	mi-cuit(e)
reif / roh	raïf / rô	mûr(e) / cru(e)
salzig / sauer	zaltsich' / zaoe/r	salé(e) / aigre, sur
scharf / süß	charf / zu/s	fort(e) / sucré(e)
verbrannt	fê/rbra/nt	brûlé(e)
verkocht	fê/rkort	trop cuit(e)

La viande et la charcuterie		
Braten (=, m)	brate/n	rôti(s)
Filet (-s, n)	filé(-/s)	filet(s)
Fleisch (n)	flaïch	viande(s)
Frikadelle (-n, f)	frikadêle(-/n)	boulette(s) de viande hachée
Geflügel (n)	gueflugue/l	volaille(s)
Hackfleisch (n)	hakflaïch	viande hachée
Hühnchen (=, n)	hu/nche/n	(viande de) poulet
Kalbfleisch (n)	kalbflaïch	(viande de) veau
Kotelett (-s, n)	kote/lê/t(-/s)	côtelette(s)
Lammfleisch (n)	la/mflaïch	(viande d') agneau
Rindfleisch (n)	ri/ndflaïch	(viande de) bœuf
Salami (=, f)	zala/mi	salami
Schinken (m)	chi/nke/n	jambon
(roher/gekochter/ geräucherter)	(rôhe/r /gue/korte/r / gue/roïcherte/r)	(cru / cuit / fumé)
Schnitzel (=, n)	chnitse/l	escalope(s)
Schweinefleisch (n)	chvaï/neflaïch	(viande de) porc
Wurst (Würste, f)	vourst(vurste)	saucisse(s)

Le poisson et les fruits de mer		
Barsch (Gold-/Rot-) (m)	barch (gold-/rôt-)	perche (dorée ou rouge)
Forelle (f)	forêle	truite
Garnelen (pl, f)	garnéle/n	crevettes
Hering / Kabeljau (m)	héri/ng / kabéliô	hareng / cabillaud
Karpfen (m)	karpfe/n	carpe
Krabben (pl, f)	krabe/n	crabes / crevettes
Krebs / Lachs (m)	krébs / lax	écrevisse / saumon
Muscheln (pl, f)	mouche/l/n	moules / coquillages
Sardelle (f)	zardêle	anchois
Sardine / Scholle (f)	zardi/ne / chole	sardine / sole
Thunfisch / Zander (m)	tou/nfich / tsa/nde/r	thon / sandre

Le pain

Hormis le pain, vous trouverez souvent dans les boulangeries allemandes tout ce qui peut composer un petit déjeuner copieux: du lait, du beurre, mais aussi parfois du fromage, de la charcuterie, de la confiture, du miel, du café, etc... Ces boulangeries ouvrent souvent dès 6 ou 7 heures, heure à laquelle les premières fournées sont cuites. Notez qu'en Allemagne les boulangers n'ont le droit de se mettre au travail qu'à partir de 4 heures. Le pain frais est en général ferme, la croûte est croustillante ou dure. Il existe en Allemagne une multitude de pains différents: des pains blancs, aux pains complets, plus sombres, en passant par les pains au froment. Les variétés anciennes de pain sont appelées soit par le nom de la céréale qui les constitue, soit par leur méthode de cuisson, par exemple le Holzofenbrot (holtshô-fe/nbrô/t pain cuit au feu de bois). Les nouvelles variétés de pain prennent, elles, parfois, des noms plus fantaisistes (par exemple le Jogging-Brot (djogi/ng-brô/t le pain-jogging). Les petits pains existent aussi en d'innombrables variantes.

Baguette (n) bag/êt	baguette
Brezel (-n, f) brêtze/l(n)	bretzel(s)
Brötchen (=, n) breutche/n	petit(s) pain(s)
Mischbrot (n) michbrô/t	pain bis
Roggenbrot (n) rogue/nbrô/t	pain de seigle
Toastbrot (n) tô/stbrô/t	pain de mie
Vollkornbrot (n) folkornbrô/t	pain complet
Weißbrot (n) vaï/sbrô/t	pain blanc
Weizenbrot (n) vaï/tse/nbrô/t	pain au froment

La pâtisserie

Dans les Konditorei (ko/nditôraï pâtisserie) vous trouverez un grand choix de gâteaux, des petites tartelettes aux grosses forêts noires. Souvent, un coin salon de thé y est aménagé; là, il vous est possible de consommer un thé, un café ou une pâtisserie en toute tranquillité. Le dimanche après-midi, il est de coutume de se retrouver autour d'un gâteau. Si vous êtes invité et n'avez pas pu en confectionner un, il vous sera alors possible d'acheter un gâteau: entier ou en parts copieuses, dans ces pâtisseries, ouvertes ce jour-là de 10h30 à midi environ.

Foto: C. Schönfeld

Kuchen aus der Konditorei – les gâteaux de la pâtisserie

Apfelstrudel (m)	apfe/lchtroude/l	tarte aux pommes
Berliner / Krapfen (m)	bê/rli/ne/r / krapfe/n	beignet fourré à la confiture
Hörnchen (n)	hörnch'e/n	croissant
Käsekuchen (m)	kêze/koure/n	gâteau au fromage blanc
Keks (m)	kék/s	biscuit
Kuchen (m)	koure/n	gâteau
Obstkuchen (m)	obstkoure/n	gâteau ou tarte aux fruits
Schnecke (f)	chnê/ke	gâteau en forme de spirale (d'escargot)
Torte (f)	torte	tarte

Les produits laitiers

Butter (f)	boute/r	beurre
Vollmilch (f)	folmich'	lait entier
fettarme Milch (f)	fê/tarme milch	lait allégé
Buttermilch (f)	boute/r milch'	boisson lactée qui s'apparente au yaourt liquide
Margarine (f)	margari/ne	margarine
saure/süße Sahne (f)	zaôre / zusse za/ne	crème fraîche / crème chantilly
Quark (m)	cvak	fromage blanc brassé (épais)
Joghurt (m)	iôgourt	yaourt

La boisson

Weinschorle (f) / Apfelschorle (f)	vai/nchorle apfe/lchorle	mélange de vin blanc (ou de jus de pommes) et d'eau minérale gazeuze (boisson désaltérante)
Kaffee (m)	kafé	café
Limonade (f)	limô/nade	limonade
Milch (f)	milch'	lait
Mineralwasser (n)	mi/néralvasse/r	eau minérale
... mit Kohlensäure	mi/t kôlenzoï/re	gazeuze
... ohne Kohlensäure	ô/ne kôlenzoï/re	non gazeuze
Saft (Säfte, m)	zaft (zêfte)	jus
Spezi (n)	chpêtsi	mélange de coca-cola et de limonade
Tee (m)	té	thé
Wasser (n)	vasse/r	eau

Ich hätte gerne …[4]
ich' hête guê/rn
je aurais volontiers
Je voudrais bien …

… ein Kännchen Kaffee.
aï/n kê/nche/n kafé
une petite-cafetière café
… une petite cafetière de café.

… eine Tasse/zwei Tassen Tee.
aï/ne tasse / tsvaï tasse/n té
une tasse / deux tasses thé
… une tasse, deux tasses de thé.

… ein (Glas) Mineralwasser.
aï/n (gla/s) miné/ralvasse/r
un (verre) minérale-eau
… un verre d'eau minérale.

L'alcool

Comme nous l'avons énoncé tout au début de ce chapitre, l'Allemagne est le pays de la bière.

Il y a peu de temps encore la vente de la bière était soumise à une loi de 1516, la Reinheitsgebot (raï/nhaïtsguebô/t), sorte de loi sur la pureté de la bière. Ne devaient entrer dans la composition de la bière que de l'eau, du houblon et du malt; aucun autre additif que ce soit n'était admis. Or, lors des nouvelles conventions européennes sur l'unification des lois, cette règle s'est vue abrogée. Malgré cela, certaines brasseries se font aujourd'hui le devoir de conserver les impératifs de pureté de la fameuse loi de 1516. Pour être sûr de consommer une bière de tradition, veillez à ce qu'il soit mentionné sur la bouteille gebraut nach dem deutschen Reinheitsgebot (guebraô/t nar dé/m doïtche/n raï/nhaïtsguebô/t brassée selon les règles de la Reinheitsgebot).

Foto: Susanne Muxfeldt

Hamburg, Schanzenviertel

Bier (n)	bir	bière
Pils, Pilsener (n)	pil/s / pilse/ne/r	Pils (variéte de bière)
Weizen / Weißbier (n)	vaïtse/n / vaïsbir	bière blonde faite de froment
Alsterwasser / Radler (n)	alste/rvasse/r / radle/r	mélange de bière et de limonade
Weiß- / Rosé- / Rotwein (m)	vaï/s- / rôzé- / rô/tvaï/n	vin blanc / rosé / rouge
trocken	troke/n	sec
halbtrocken	halbtroke/n	demi-sec
süß / lieblich	zu/s / liblich'	sucré / moelleux
(Wein-)Schorle (f)	(vaï/n)chorle	mélange d'eau minérale gazeuze et de jus de pommes ou de vin
Sekt (m)	zêkt	mousseux
Schnaps (m)	chnap/s	eau-de-vie
Cognac (m)	koniak	cognac
Glühwein	gluvaï/n	vin chaud

Au café

Veillez à être précis si vous commandez une bière dans un café ou dans un restaurant.

Si vous demandez une bière sans préciser laquelle, on vous servira vraisemblablement une bière dans un verre de 33cl alors que la plupart des bières sont servies dans des verres de 50cl (notre «sérieux» français).

En général, on dit plutôt ce qu'on veut: „ein Pils" ou „ein Weizen, bitte".

La Pils se singularise aussi des autres bières par la manière dont elle est tirée du tonneau: cela doit durer 7mn avant qu'on vous la dépose sur la table; la mousse doit former une véritable couronne sur le verre!... Tout un art! La Weizenbier (vaït-se/n bir bière blonde à base de froment) qui peut être claire (Kristallweizen) ou trouble, la levure n'est pas filtrée (Hefeweizen), est servie dans une flûte de 50cl. La petite bière dans un verre de 20cl. La Alt (al/t bière de Dusseldorf) ou la Kölsch (keulch bière de Cologne) sont elles aussi servies dans des verres de 20cl. Pour les amateurs, en Bavière, vous pourrez commander une bière contenue dans une chope de 1 litre: la Maß (ma/s). A vous de choisir...!

Ich hätte gerne ein kleines Bier[4] / ein Pils[4].
ich' hête guê/rn aï/n klaï/ne/s bir / aï/n pil/s
je aurais volentiers une petite bière / une pils
Une petite bière / une Pils, s'il vous plaît.

Haben Sie auch ein Hefeweizen[4]?
habe/n zi aôr aï/n héfevaïtse/n
avez vous aussi une levure-froment
Est-ce que vous pouvez me servir aussi une Hefeweizen?

Bringen Sie mir bitte einen trockenen Rotwein[4].
bri/ngue/n zi mir bite aï/ne/n troke/ne/n rôtvaï/n
apportez vous moi prière un sec rouge-vin
Apportez-moi un verre de vin rouge sec, s'il vous plaît.

Ich möchte gerne eine heiße Schokolade mit Sahne[4].
ich' meuchte guê/rne aï/ne haïsse chokolade mi/t za/ne
je voudrais volentiers un chaud chocolat avec crème
Je voudrais un chocolat chaud avec de la chantilly, s'il vous plaît.

Bringen Sie uns bitte zwei Kaffee[4]!
bri/ngue/n zi ou/ns bite tsvaï café
apportez vous nous prière deux cafés
Apportez-nous deux cafés, s'il vous plaît!

Foto: Helmut Niklas, Fotolia.com

L'Allemagne est le pays de la bière

Nochmal drei Cola[4] bitte!
normal draï kôla bite
encore-fois trois cocas prière
Encore trois cocas, s'il vous plaît!

Haben Sie eine Weinkarte[4]?
habe/n zi aï/ne vaï/nkarte
avez vous une vin-carte
Est-ce que vous avez une carte des vins?

Si vous désirez manger quelque chose mais qu'il n'y a pas de menu sur la table, vous pouvez demander:

Könnten Sie uns bitte die (Speise-)Karte[4] bringen?
keu/nte/n zi ou/ns bite di (chpaïze-)karte bri/ngue/n
pouriez vous nous prière la (plat-)carte apporter
Est-ce que vous pouvez nous amener la carte, s'il vous plaît?

Faire les courses

En Allemagne, les magasins sont ouverts de 9h à 18h30. Quelques magasins restent ouverts jusqu'à 20h ou 21h.

Les horaires d'ouverture ont été libérés dans les années 90. On ne peut donner que des informations générales à ce sujet.

Les samedis, il faudra quand même vous presser car les magasins ne sont ouverts que jusqu'à 13h ou 14h, les grands supermarchés jusqu'à 20 ou 21h. Dans les petits villages ou dans certains quartiers il arrive parfois que les magasins soient clos à midi. La plupart des pharmacies sont fermées le mercredi après-midi.

Apotheke (f)	apôtéke	pharmacie(s)
Bäckerei (f)	bêke/raï	boulangerie(s)
Blumenladen (m)	blou/me/nlade/n	magasin(s) de fleurs
Buchhandlung (f)	bourha/ndlou/ng	librairie(s)
Drogerie (f)	drôgue/ri	droguerie(s)
Fleischerei (f)	flaïcheraï	boucherie(s)
Gemüsehändler (m)	gue/muze/hê/ndle/r	marchand(s) de légumes
Geschäft (-e, n)	guechêft(-e)	magasin(s), affaire(s)
Kaufhaus (-häuser, n)	kaôfhaô/s(hoïze/r)	grand(s) magasin(s)
Kiosk (m)	kio/sk	kiosque(s)
Laden (Läden, m)	lade/n(lêde/n)	magasin(s)
Metzgerei (f)	mêtzgue/raï	boucherie(s)
Obsthändler (m)	ôbsthê/ndle/r	marchand(s) de fruits
Schreibwaren-geschäft (n)	chraïbvare/n-guechêft	papeterie(s)
Schuster (m)	chouste/r	cordonnier(s)
Supermarkt (m)	zoupe/rmarkt	supermarché(s)
Zeitungsladen (m)	tsaïtou/ngslade/n	magasin(s) de journaux

Wo kann ich / man ...[4] kaufen?
vô ka/n ich' / ma/n ... kaôfe/n
où peux je / on ... acheter
Où est-ce que je peux / on peut ... acheter?

Lorsque l'on rentre dans un magasin, il est poli de dire «Guten Tag!» (goute/n tag bonjour!).

Kann ich Ihnen helfen?
ka/n ich' i/ne/n hêlfe/n
peux je vous aider
Puis-je vous aider?

Guten Tag, was wünschen Sie?
goute/n tag va/s vu/nche/n zi
bon jour quoi souhaitez vous
Bonjour, vous désirez?

Ich möchte mich nur ein wenig umsehen.
ich' meuchte mich' nour aï/n vénich' ou/mzé/n
je voudrais moi seulement un peu autour-voir
Je voulais juste un peu jeter un coup d'œil.

Ich hätte gerne ...[4]
ich' hête guê/rn
je aurais volentiers
J'aimerais ...

Ich suche ...[4]
ich' zoure
je cherche
Je cherche ...

Haben Sie ...[4]?
habe/n zi
avez vous
Est-ce aue vous avez ...?

Verkaufen Sie ...[4]?
fê/rkaôfe/n zi
vendez vous
Est-ce que vous vendez ...?

Ja, das haben wir.
ia da/s habe/n vir
oui ça avons nous
Oui, nous en avons.

Nein, das führen wir leider nicht.
naï/n da/s fure/n vir laïde/r nicht
non ça conduisons nous hélas ne-pas
Non, nous ne faisons pas ça, hélas.

Faire les courses

Haben Sie das auch in einer anderen Farbe[3] / Größe[3]?
habe/n zi da/s aôr i/n aï/ne/r a/nde/re/n farbe / greusse
avez vous ça aussi dans une autre couleur / taille
Est-ce que vous avez ça aussi dans une autre couleur / taille?

Geben Sie mir bitte ...[4]
guébe/n zi mir bite
donnez vous moi prière
Donnez-moi ... s'il vous plaît.

Darf es sonst noch etwas sein?
darf ê/s zo/nst nor ê/tva/s zaï/n
a-le-droit il sinon encore qch être
Ce sera tout?

Écoutez sur votre smartphone les phrases marquées d'une oreille en utilisant le QR code!

Nein danke, das ist alles.
naï/n da/nke da/s ist ale/s
non merci ça est tout
Oui, merci.

Ich möchte mit Kreditkarte[3] zahlen.
ich' meuchte mi/t krédi/tkarte tsale/n
je voudrais avec crédit-carte payer
Je paie par carte bancaire.

Ich bezahle bar.
ich' be/tsale bar
je paie liquide
Je paie en liquide/espèces.

Wieviel kostet das?
vifil ko/ste/t da/s
combien coûte ça
Combien ça coûte?

Das macht zusammen ... .
da/s mart tsouza/me/n ...
ça fait ensemble ...
Ça (vous) fait ... (le tout).

Könnte ich bitte eine Tüte[4] haben?
keu/nte ich' bite aï/ne tute habe/n
peux je prière une sac avoir
Est-ce que je peux avoir un sac?

Le marché

Partout en Allemagne (sauf dans les trop petits villages), il y a un marché une à deux fois par semaine. Nous vous conseillons d'acheter plutôt aux petits producteurs, dont les fruits et les légumes moins chers, viennent en général des alentours. Les denrées proposées sur le marché sont souvent moins onéreuses qu'en magasin. Une liste des fruits et légumes est à votre disposition dans le chapitre «Boire et manger».

La banque et la poste

La manière la plus pratique de se procurer de l'argent liquide est d'aller au distributeur automatique. Il faudra, pour cela, vous munir d'une carte Eurochèque (portant le logo «ec») et d'un code secret. Attention, les distributeurs acceptant la carte VISA ne sont que depuis peu répandus. Avec une carte Eurochèque et un carnet de chèques Eurochèque, il vous est aussi possible de retirer de l'argent liquide dans les guichets de banques. Celles-ci sont ouvertes du lundi au vendredi de 9h à 16h. Certaines ferment un peu plus tard le jeudi. Méfiez-vous, seuls dans les grands magains (et souvent les plus chers), il vous est possible de payer avec une carte de crédit.

La banque et la poste

À la banque

Können Sie mir sagen, wo der nächste Geldautomat ist?
keu/ne/n zi mir zague/n vô dê/r nêxte guêltaôtô/ma/t ist
pouvez vous moi dire où le prochain argent-automate est
Pouvez-vous m'indiquer le distributeur de billets le plus proche?

Wo gibt es hier eine Bank[4]?
vô g/ibt ê/s hir aï/ne ba/nk
où donne il ici une banque
Y a-t-il une banque par ici?

Ich möchte diesen Scheck[4] einlösen.
ich' meuchte dize/n chék aï/nleuze/n
je voudrais ce chèque encaisser
Je voudrais encaisser ce chèque.

Ich möchte 100 Dollar in Euro wechseln.
ich' meuchte hou/nde/rt dolar i/n dé mark vêkse/ln
je voudrais 100 dollars dans Euro changer
Je voudrais changer 100 dollars en euros.

Wie ist der Wechselkurs?
vi ist dê/r vêkse/lkour/s
comment est le change-cours
A combien est le change?

À la poste

Comme en France, les boîtes aux lettres sont jaunes et on peut y lire l'heure de la prochaine levée.

Les bureaux de poste sont ouverts du lundi au vendredi de 9h à 18h et le samedi jusqu' à midi. Là, vous aurez aussi la possibilité de retirer ou d'envoyer de l'argent. Dans les grands bureaux de poste, il existe des guichets réservés uniquement à l'envoi des paquets.

Wieviel kostet ein Brief nach Frankreich?
vifil ko/ste/t aï/n brif nar fra/nkraïch'
combien coûte une lettre vers France
Il faut mettre un timbre à combien pour la France?

(Ich hätte gern) fünf Briefmarken[4] zu fünfundfünfzig Cent.
(ich' hête guê/rn) fu/nf brifmarke/n tsou fu/nfoundfu/nftsich' se/nt
(je aurais volentiers) cinq lettre-marques à 55 ct
(J'aimerais) 5 timbres à 55 cents.

Absender (=, m)	apzê/nde/r	expéditeur(s)(trice(s))
Adresse / Anschrift (-en, f)	adrêsse(-/n) / a/nchrift(-e/n)	adresse(s)
Brief (-e, m)	brif(-e)	lettre(s)
Briefkasten (-kästen, m)	brifka/ste/n(kê/ste/n)	boîte(s) aux lettres
Briefmarke (-n, f)	brifmarke(-/n)	timbre(s)
Eilzustellung (-en, f)	aï/ltsouchtêlou/ng(-/e/n)	taxe(s) express
Einschreiben (=, n)	aï/nchraïbe/n	recommandé(s)
Päckchen (=, n)	pêkch'e/n	petit(s) paquet(s)
Paket (-e, n)	paké/t(-e)	paquet(s)
per Luftpost	pê/r louftpo/st	par avion
Post (sg f)	po/st	poste(s)
Postkarte (-n, f)	po/stkarte(-/n)	carte(s) postale(s)

Le téléphone

Les nouvelles cabines allemandes sont grises et fuchsia, alors que les anciennes sont jaunes. Les cabines, lorsqu'elles ne sont pas à cartes, acceptent presque tous les pièces, sauf les pièces de 1 et 2 cents.

Les cartes de téléphone, elles, sont disponibles dans les bureaux de poste, les magasins de journaux et les bureaux de tabac.

Comme en France, vous avez la possibilité de trouver le numéro de votre correspondant dans les pages blanches ou dans les pages jaunes.

Le mot «Handy», prononcé comme en anglais, est utilisé pour «téléphone portable».

Auslandsgespräch (n) aô/sla/ndsguechprêch'	appel à l'étranger
Durchwahl (f) dourchval	ligne directe
R-Gespräch (n) ê/r-guechprêch'	appel en PCV
Rufnummer (f) roufnou/me/r	numéro d'appel
Telefon (n) téléfô/n	téléphone
telefonieren téléfô/nire/n	téléphoner
Telefonkarte (f) téléfô/nkarte	carte de téléphone
Telefonnummer (f) téléfô/n/nou/me/r	numéro de téléphone
Vorwahl (f) forval	indicatif
SIM-Karte (f) zi/mkarte	carte SIM
Prepaid-Karte pripêi/dkarte	carte prépayée
Handy (n) hê/ndi	portable

aufladen (Akku) aôflade/n	charger (batterie)
aufladen (Guthaben) aôflade/n	recharger (avoir)
Akku (m) akou	batterie
Guthaben (n) gout/habe/n	avoir
SMS (f) ês e/m ês	texto

En règle générale, en Allemagne, on répond au téléphone en annonçant son nom. Vous pouvez toutefois commencer par dire hallo (halô - âllo), ou ja (ia - oui).

Wo kann ich telefonieren?
vô ka/n ich' téléfô/nire/n
où peux je téléphoner
Où est-ce que je peux téléphoner?

Hallo?
halô
allo
Allo?

Hier ist Maria.
hir ist maria
ici est Maria
C'est Maria.

Mit wem spreche ich?
mi/t vé/m chprêche ich'
avec qui parle je
Qui est au téléphone?

Ich möchte Frau / Herrn ... sprechen.
ich' meuchte fraô / hê/rn ... chprêche/n
je voudrais madame / monsieur ... parler
Je voudrais parler à Madame / Monsieur ...

Bitte verbinden Sie mich mit Frau / Herrn ...
bite fê/rbi/nde/n zi mich' mi/t fraô / hê/rn ...
prière reliez vous moi avec madame / monsieur
Pouvez-vous me passer Madame / Monsieur ... ?

La photographie

Nous vous conseillez de demander l'accord d'une personne avant de la photographier.

Darf man hier fotografieren / filmen?
darf ma/n hi̲r fôtôgrafi̲re/n / fil/me/n
a-le-droit on ici photographier / filmer
Est-ce qu'on a le droit de prendre des photos / de filmer?

Können Sie ein Foto[4] von uns machen?
keu/ne/n zi aï/n fôtô fo/n ou/ns mare/n
pouvez vous une photo de nous faire
Est-ce que vous pouvez nous prendre en photo?

Ich möchte einen Abzug[4] von jedem Bild[3] in Hochglanz / matt.
ich' meuchte aï/ne/n aptsouk fo/n iéde/m bild i/m hôrgla/ns / ma/t
je voudrais un tirage de chaque photographie dans haut-brillant / mat
Faites moi un tirage de chaque photo en brillant / mat.

Welches Format?
vêlche/s forma̲/t
quel format
A quel format?

Wann kann ich die Bilder[4] abholen?
va/n ka/n ich' di bilde/r aphôle/n
quand peux je les photographies aller-chercher
Quand est-ce que je peux venir chercher les photos?

Batterie (-n, f)	bater/i(-e/n)	pile(s)
Blitz (-e, m)	blit/s(-e)	flash(s)
Format (-e, n)	forma/t(-e)	format(s)
Foto (-s, n)	fôtô(-/s)	photo(s)
Fotoapparat (-e, m)	fôtôapara/t(-e)	appareil(s) photo

La police

Partout en Allemagne, vous pouvez appeler la police en composant le 110. Si vous désirez avoir les pompiers ou une ambulance, faites le 112.

Anzeige (-n, f)	a/ntsaïgue(-/n)	plainte(s)
bedrohen	bedrôe/n	menacer
Dieb / Diebstahl (m)	dip / dipchtal	voleur(euse) / vol
Dokumente (pl)	dôkou/mê/nte /	document(s)
Papiere (pl)	papire	papier(s)
Führerschein (-e, m)	fure/rchaï/n(-e)	permis de conduire
Gepäck (n)	guepêk	bagage(s)
Handtasche (-n, f)	ha/ndtache(-/n)	sac(s) à main
Koffer (=, m)	kofe/r	valise(s)
Kreditkarte (-n, f)	krédi/tkarte(-/n)	carte(s) de crédit
Messer (=, n)	mêsse/r	couteau(x)
niederschlagen	nide/rchlague/n	assomer
Pass (Pässe, m)	pa/s (pêsse)	passeport(s)
Personalausweis (-e, m)	pê/rzô/nalaô/svaï/s(-e)	carte(s) d'identité
Pistole (-n, f)	pistôle(-/n)	pistolet(s)
Polizei (f)	pôlitsaï	police(s)
Polizeirevier (-e, n)	pôlitsaïre/vir(-e)	commissariat(s) de police
Polizist (-en, m)	pôlitsist(-e/n)	policier(s)
Scheckheft (-e, n)	chêkhêft(-e)	carnet(s) de chèques
Schlüssel (=, m)	chlusse/l	clef(s)
stehlen	chtéle/n	voler
überfallen	ube/rfale/n	attaquer / agresser
vergewaltigen	fê/rguevaltigue/n	violer

Ich möchte Anzeige erstatten.
ich' meuchte a/ntsaïgue ê/rchtate/n
je voudrais plainte rendre-compte
Je voudrais déposer une plainte.

Mir wurde mein(e) ... gestohlen.
mir vourde maï/n(e)... guechtôle/n
moi fut mon(ma) ... volé
On m'a volé mon/(ma) ...

Ich bin Franzose (Französin) / Belgier(in).
ich' bi/n fra/ntsôze (fra/ntseuzi/n) / bêlg/ie/r(-i/n)
je suis français(e) / belge
Je suis français(e) / belge.

Kann ich mit der französischen / belgischen Botschaft[3] sprechen?
ka/n ich' mi/t dê/r fra/ntseuziche/n / bêlg/iche/n bôtchaft chprêche/n
peux je avec la française / belge ambassade parler
Est-ce que je pourrais parler à l'ambassade de France / de Belgique?

Fumer

Vous pouvez vous procurer des cigarettes dans les bureaux de tabac et dans les distributeurs automatiques.

Les buralistes et les automates demandent également une carte bancaire ou la carte d'identité comme preuve d'âge. Dans les cafés et les restaurants, il est généralement interdit de fumer. Certains bars et boîtes de nuit sont quand même déclarés «clubs fumeurs». Dans ces lieux, fumer est autorisé.

Aschenbecher (=, m) ache/nbêch'e/r	cendrier(s)
Feuerzeug (-e, n) foïe/rtsoïg(-/e)	briquet(s)
mit / ohne Filter (=, m) mi/t / ô/ne filte/r	avec / sans filtre
Haben Sie Feuer? habe/n zi foïe/r	vous avez du feu?
Rauchen verboten raôre/n fê/rbôte/n	interdiction de fumer
Streichholz (-hölzer, n) chtraïch/holts(-heultse/r)	allumette(s)
Zigarette (-n, f) tsigarête(-/n)	cigarette(s)
Zigarre (-n, f) tsigare(-/n)	cigare(s)

Être malade

La maladie

Durchfall (m)	dourchfal	diarrhée
Erkältung (-en, f)	ê/rkêltou/ng(-/e/n)	rhume(s)
Fieber (n)	fibe/r	fièvre(s)
gebrochen	guebrore/n	cassé(e)
Grippe (f)	gripe	grippe
Halsschmerzen (pl)	hals/chmê/rtse/n	maux de gorge
Husten (m)	houste/n	toux
Kopfschmerzen (pl)	kopfchmê/rtse/n	maux de tête
Magenschmerzen (pl)	mague/mchmê/rtse/n	maux d'estomac
Schnupfen (m)	chnoupfe/n	rhume
Verbrennung (-en, f)	fê/rbrê/nou/ng(-/e/n)	brûlure(s)
verrenkt / verstaucht	fê/rênkt / fê/rchtaôrt	luxé(e) / foulé(e)
Verstopfung (f)	fê/rchtopfou/ng	bouchon
Wunde (-n, f)	vou/nde(-/n)	blessure(s)
Zahnschmerzen (pl)	tsa/nchmê/rtse/n	maux de dents

Les différentes parties du corps

Arm (-e, m)	arm(-e)	bras
Auge (-n, n)	aôgue(-/n)	œil (yeux)
Bauch (m) / Bein (-e, n)	baôr / baï/n(-e)	ventre / jambe(s)
Brust (f)	broust	poitrine
Brüste (f, pl.)	bruste	seins
Finger (=, m)	fi/ngue/r	doigt(s)
Fuß (Füße, m)	fou/s	pied(s)
Hals (m) / Haut (f)	hal/s / haô/t	cou, gorge / peau
Herz (n)	hê/rts	cœur
Knochen (=, m)	knore/n	os

Kopf (m) / Leber (f)	kopf / lébe/r	tête / foie
Lunge (-n, f)	lou/ngue(-/n)	poumon(s)
Magen / Mund (m)	mague/n / mou/nt	estomac / bouche
Muskel (-n, m)	mouske/l(-n)	muscle(s)
Nase (f) / Niere (-n, f)	naze / nire(-/n)	nez / rein(s)
Ohr (-en, n)	ôr(-e/n)	oreille(s)
Rippe (-n, f)	ripe(-/n)	côte(s)
Rücken (m)	ruke/n	dos
Schulter (-n, f)	choulte/r(-n)	épaule(s)
Zeh (-en, m)	tsé(-e/n)	doigt(s) de pied

Hier tut es weh.
hir tou/t ê/s vé
ici fait il mal
C'est là que ça fait mal.

Mir ist schlecht.
mir ist chlêcht
moi est mauvais
Je ne vais pas bien. *(ou: J'ai envie de vomir.)*

Ich bin krank.
ich' bi/n kra/nk
je suis malade
Je suis malade.

Haben Sie Schmerzen[4]?
habe/n zi chmê/rtse/n
avez vous maux
Est-ce que vous avez mal?

Ich brauche einen Arzt[4].
ich' braôre aï/ne/n artst
je ai-besoin un médecin
J'ai besoin d'un médecin.

Ich habe erbrochen.
ich' habe ê/rbrore/n
je ai vomi
J'ai vomi.

Ich bin schwanger.
ich' bi/n chva/ngue/r
je suis enceinte
Je suis enceinte.

Ich bin Diabetiker.
ich' bi/n diabétike/r
je suis diabétique
Je suis diabétique.

Ich bin allergisch gegen ...[4]
ich' bi/n alê/rg/ich' guégue/n
je suis allergique contre
Je suis allergique à ...

Ich habe Zahnschmerzen[4].
ich' habe tsa/nch'mê/rtse/n
je ai dent-maux
J'ai mal aux dents.

Können Sie den Zahn plombieren?
keu/ne/n zi dê/n tsa/n plo/mbire/n
pouvez vous la dent plomber
Est-ce que vous pouvez me plomber la dent?

Bitte machen Sie eine Betäubung[4].
bite mare/n zi aï/ne be/toïbou/ng
prière faites vous une anesthésie
Pouvez-vous me faire une anesthésie, s'il vous plaît?

Ich brauche etwas gegen ...[4]
ich' braôre ê/tva/s guégue/n
je ai-besoin qch contre
J'ai besoin de qch contre ...

zur äußerlichen Anwendung
tsour oïsse/rliche/n a/nve/ndou/ng
pour extérieur usage
a usage externe

die Pillen dreimal täglich vor dem Essen einnehmen
di pile draï/mal têglich' for dé/m êsse/n aï/né/me/n
les pilules trois-fois journellement devant le repas absorber
prendre les cachets trois fois par jour avant les repas

Apotheke (-n, f)	apôtéke(-/n)	pharmacie(s)
Arzneimittel (=, n)	artsnaï/mite/l	remède(s)
Medikament (-e, n)	médika/mê/n/t(-e)	médicament(s)
Pflaster (=, n)	pfla/ste/r	sparadrap(s)
Rezept (-e, n)	rétsê/pt(-e)	ordonnance(s)
Salbe (-n, f)	zalbe(-/n)	pommade(s)
Tablette (-n, f)	tablête(-/n)	comprimé(s)
Tropfen (pl)	tropfe/n	gouttes
Verband (-bände, m)	fê/rba/nd (-bê/nde)	pansement(s)
verschreiben	fê/rchraïbe/n	prescrire
Zäpfchen (=, n)	tsê/pfche/n	suppositoire(s)

Les toilettes

Les toilettes sont en général gratuites dans les cafés et dans les grands magasins. Dans les stations d'autoroute, les portes des WC sont souvent équipées de serrures dans lesquelles il faut glisser de la monnaie pour les ouvrir.

On trouve aussi des automates payants qui distribuent du papier hygiénique. Certaines toilettes d'autoroutes sont encore accessibles gratuitement, mais elles sont rares.

Damen	**Herren**
da/me/n	hê/re/n
Dames	Hommes

Wo ist hier bitte die Toilette?
vô ist hir bite di toualête
où est ici prière la toilette
Où sont les toilettes, svp?

Gibt es hier ein WC[4]?
gibt ê/s hir aï/n vé tsé
donne il ici un WC
Est-ce qu'il y a des WC par ici, svp?

Ich muss mal.
ich' mou/s mal
je dois fois
Il faut que j'aille au petit coin.

Darf ich die Toilette[4] benutzen?
darf ich' di toualête be/noutse/n
ai-le-droit je la toilette utiliser
Est-ce que je peux utiliser les toilettes?

Die Spülung ist kaputt.
di chpulou/ng ist kapou/t
le lavage est cassé
La chasse d'eau est cassée.

Es fehlt / gibt kein Toilettenpapier.
ê/s fe̲lt / gibt kaï/n toualête/npapi̲r
il manque / donne aucun toilette-papier
Il n'y a pas de papier hygiènique.

Binde (-n, f) bi/nde(-/n)	serviette(s) périodique(s)
Tampon (-s, m) ta/mpo/n(-s)	tampon(s)
Kondom (-e, n) ko/ndô/m	préservatif(s)

Les gros mots

Ci-dessous une liste d'interpellations verbales plus ou moins vertes pour que vous sachiez les comprendre, si par malheur on vous les adresse. Nous vous déconseillons de les utiliser!

Du Arsch! / Arschloch!
dou a̲rch / a̲rchlor
tu cul / cul-trou
Espèce de con!

Drecksau!
drêkzaô
crasse-truie
Sale porc!

Drecksack!
drêkzak
crasse-sac
Espèce de dégueulasse!

blöde Sau!
bleude zaô
bête truie
Salop(e)

Depp! / Idiot!
dê/p / idio/t
crétin / idiot
Crétin! / Idiot!

Dummkopf!
dou/m koɔf
bête-tête
Imbécile!

(Flach-)Wichser!
(flar-)vixe/r
(plat-)branleur
Branleur!

Macho!
matchô
macho
Macho!

Schlampe! / Flittchen!
chla/mpe / flitch'e/n
salope / garce
Salope! / Garce!

dumme Gans!
dou/me ga/ns
bête oie
Grosse dinde!

blöde Kuh!
bleude kou
bête vache
Pauvre cruche!

Sag mal, spinnst du?
zak mal chpi/n/s dou
dis fois files tu
Dis donc, tu déconnes?

Bist du noch ganz sauber?
bi/s dou nor ga/n/s zaôbe/r
es tu encore tout propre
Ça va bien ta tête?

Leck mich am Arsch!
lê/k mich' a/m arch
lêche moi au cul
Vas te faire foutre!

Scher dich zum Teufel!
ché/r dich' tsou/m toïfe/l
occupes toi au diable
Va au diable!

Verpiss dich! / Verzieh dich! /
fê/rpi/s dich' / fê/rtsi dich' /
PRÉF-pisse toi / éloigne toi /
Va chier! / Fous le camp! /

Zieh Leine!
tsi laï/ne
tire laisse
Dégage!

... et si vous ne comprenez pas

Ich verstehe (nicht)!
ich' fê/rchté/e (nicht)
je comprend (ne-pas)
Je (ne) comprends (pas)!

Ich habe nicht verstanden.
ich' habe nicht fê/rchta/nde/n
je ai ne-pas compris
Je n'ai pas conpris.

Können Sie bitte etwas langsamer sprechen?
keu/nte/n zi bite ê/tva/s la/ngza/me/r chprêche/n
pouvez vous prière quelque-chose lentement-COMP parler
Est-ce que vous pourriez parler plus lentement, svp?

Wie heißt das auf deutsch?
vi haï/st da/s aôf doïtch
comment s'appelle ça sur allemand
Comment ça s'appelle en allemand?

Wie sagt man / Was heißt ... auf deutsch?
vi zagt ma/n / va/s haï/st ... aôf doïtch
comment dit on / quoi s'appelle ... sur allemand
Comment dit-on / appelle-t-on ... en allemand?

Sprechen Sie Englisch?
chprêche/n zi ê/nglich
parlez vous anglais
Parlez-vous anglais?

Können Sie das nochmal wiederholen?
keu/ne/n zi da/s normal vide/rhôle/n
pouvez vous ça encore-fois à-nouveau-apporter
Pouvez-vous répéter, s'il vous plaît?

Les principaux verbes irréguliers

infinitif	imparfait	participe passé
beginnen	begann	begonnen
bitten	bat	gebeten
bleiben	blieb	geblieben
brechen	brach	gebrochen
bringen	brachte	gebracht
denken	dachte	gedacht
essen	aß	gegessen
fahren	fuhr	gefahren
fallen	fiel	gefallen
fangen	fing	gefangen
finden	fand	gefunden
fliegen	flog	geflogen
frieren	fror	gefroren
geben	gab	gegeben
gehen	ging	gegangen
gewinnen	gewann	gewonnen
haben	hatte	gehabt
halten	hielt	gehalten
heben	hob	gehoben
helfen	half	geholfen
kennen	kannte	gekannt
kommen	kam	gekommen
lassen	ließ	gelassen
laufen	lief	gelaufen
lesen	las	gelesen
liegen	lag	gelegen
nehmen	nahm	genommen

infinitif	imparfait	participe passé
riechen	roch	gerochen
rufen	rief	gerufen
schlafen	schlief	geschlafen
schlagen	schlug	geschlagen
schließen	schloss	geschlossen
schneiden	schnitt	geschnitten
schreiben	schrieb	geschrieben
sehen	sah	gesehen
sein	war	gewesen
singen	sang	gesungen
sitzen	saß	gesessen
sprechen	sprach	gesprochen
springen	sprang	gesprungen
stehen	stand	gestanden
sterben	starb	gestorben
stinken	stank	gestunken
tragen	trug	getragen
treffen	traf	getroffen
trinken	trank	getrunken
tun	tat	getan
vergessen	vergaß	vergessen
verlieren	verlor	verloren
waschen	wusch	gewaschen
werden	wurde	geworden
werfen	warf	geworfen
wissen	wusste	gewusst
ziehen	zog	gezogen

Lexique Français - Allemand

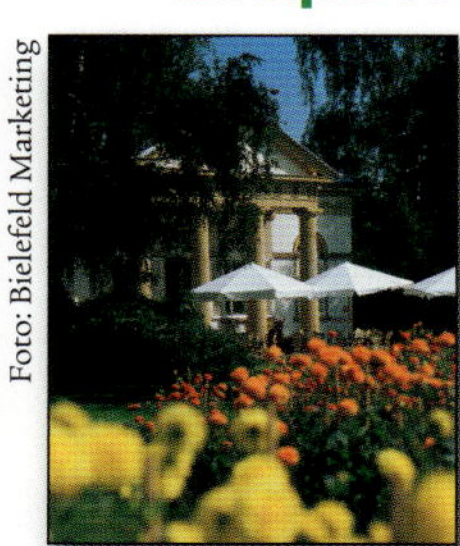
Foto: Bielefeld Marketing

Bielefeld

Dans le registre de vocabulaire qui suit, les noms allemands sont précédés d'abréviations particulières:

m	nom masculin
f	nom féminin
n	nom neutre
pl	nom pluriel

Pour connaître le vocabulaire des chiffres, des différentes parties du corps, des couleurs, des aliments, des boissons, des villes et länder allemands, des différentes parties d'un véhicule, veuillez vous référer aux chapitres concernés.

A

à in; nach; zu
à cause de wegen
à côté neben
à droite rechts
à gauche links
à l'heure pünktlich
à pied zu Fuß
à travers durch (hindurch)
accident Unfall, m
accompagner begleiten
accueillir begrüßen
acheter kaufen
acide sauer
administration Behörde, f
adresse Adresse, f
aéroport Flughafen, m
affaire Sache, f; Geschäft, n
affiche Platzkarte, f
âge Alter, n
agence de voyages Reisebüro, n
agriculture Landwirtschaft, f
aide Hilfe, f
aider helfen
aigre sauer
aiguille Nadel, f
aimer lieben
alcool Alkohol, m
Allemagne Deutschland
allemand (adjectif) deutsch
allemand(e) (personne) Deutsche(r)
aller gehen; fahren
aller (vêtement) sitzen, passen
aller se promener spazieren gehen
allumettes Streichhölzer, pl
alors dann
ambassade Botschaft, f
ambulance Rettungswagen, m
ami, amie Freund(in)
amical(e) freundlich
amitié Freundschaft, f
amusant(e) lustig
an, année Jahr, n
ancien alt
anglais englisch
animal Tier, n
anniversaire Geburtstag, m
annuel(le) jährlich
appareil photo Fotoapparat, m
appartement Wohnung, f
appeler rufen; schreien
apporter bringen
apprendre lernen
après (temps) nach
après cela danach
après-demain übermorgen
après-midi Nachmittag, m
arbre Baum, m
argent (monnaie) Geld, n;
argent (métal) Silber, n
argent liquide Bargeld, n
arrêt Haltestelle, f
arrêter aufhören
arrivée Ankunft, f
arriver ankommen
art Kunst, f
assez genug
assurance Versicherung, f
attendre warten
au-dessus de (lieu) über
auberge Gaststätte, f
au fond hinten
aujourd'hui heute
aussi auch
auto Auto, n
automne Herbst, m
autorisation Erlaubnis, f
autoriser erlauben
autour darum
autour de um
Autriche Österreich
autrichien(ne) Österreicher(in)
avant bevor; vorher
avant-hier vorgestern
avec mit

avec cela/ça damit
avec plaisir gern
avion Flugzeug, n
avoir haben
avoir besoin de brauchen
avoir faim hungrig sein
avoir froid frieren
avoir le droit de dürfen
avoir peur (de) sich fürchten (vor)

B

bagages Gepäck, n
bande Damenbinde, f
banque Bank, f
bas (basse) niedrig
bateau Boot, n
bateau Schiff, n
bateau à moteur Motorboot, n
bâtiment Gebäude, n
battre schlagen
beau, belle schön
beaucoup viel
bête (adjectif) dumm
bicyclette Fahrrad, n
bien gut
bientôt bald
bière Bier, n
bijou Schmuck, m
billet Fahrkarte, f
billet d'avion Flugticket, n
bistrot Kneipe, f
blessé(e) verletzt
blessure Verletzung, f
boire trinken
bois Holz, n
boisson Getränk, n
boîte de nuit Diskothek, f
bon(ne) gut
bon marché billig
bonheur Glück, n
bouillir kochen
bouteille Flasche, f
brûler brennen
bruyant(e) laut
bureau Büro, n
bureau de poste Postamt, n
bus Bus, m

C

cadeau Geschenk, n
caisse Kasse, f
calculer rechnen
cambriolage Einbruch, m
carte (postale) (Post-)Karte, f
carte (géographique) Landkarte, f
carte (des menus) Speisekarte, f
carte d'identité Ausweis, m
cassé(e) kaputt
célèbre berühmt
célibataire ledig
centre Zentrum, n
c'est pourquoi darum
chaleureux(se) gemütlich
chambre Zimmer, n
chambre à coucher Schlafzimmer, n
champ Feld, n
chance Glück, n
changer wechseln
chanson Lied, n
chanter singen
chaque fois jedesmal
chaque, chacun jeder
château Burg, f; Schloss, n
chaud(e) warm; heiß
chauffeur Chauffeur, m
chaussure Schuh, m
chemin Weg, m
chemin de fer Eisenbahn, f
chèque Scheck, m
cher/chère teuer
chercher suchen
chez, à bei
chose Ding, n
cigarette Zigarette, f
cinéma Kino, n
ciseaux Schere, f
citoyen Bürger, m
clair(e) hell
clef, clé Schlüssel, m
collectionner sammeln
combien wieviel
commande Bestellung, f
commander bestellen
comme, comment wie
comme ça so
commencer anfangen
commerce Handel, m
compliqué(e) schwierig, kompliziert
comprendre verstehen
comprimé Tablette, f
concert Konzert, n
conduire fahren
connaître kennen
conseil Rat, m
conseiller empfehlen
construire bauen
consulat Konsulat, n
contre gegen
contrôler kontrollieren
conversation Gespräch, n
corde Seil, n
cordial(e) herzlich
côté (direction) Seite, f
coton hydrophile Watte, f
couette et oreiller Bettzeug, n
couleur Farbe, f
coupable schuldig
coupant(e) scharf
couple (marié) (Ehe-)Paar, n
courir laufen, rennen
court kurz
couteau Messer, n
coûter (prix) kosten
coutume Brauch, m
couverture Decke, f
crayon (à papier) Bleistift, m
crier rufen, schreien
crime Verbrechen, n

croire glauben
cru(e) roh
cuillère, cuiller Löffel, m
cuire; cuisiner kochen
curieux(se) neugierig
curiosités Sehenswürdigkeiten, pl

D

dangereux(se) gefährlich
dans in
danser tanzen
date Datum, n
de von
de nouveau wieder
d'où woher
de qui wessen
décider entscheiden
décoller abfliegen
déjà schon
déjeuner Mittagessen, n
demain morgen
demander fragen; bitten
démarrer abfahren
denrée alimentaire Lebensmittel, pl
dentiste Zahnarzt, m
dentrifice Zahnpasta, f
dépanner abschleppen
depuis seit
déranger stören
derrière hinter
descendre aussteigen
déshabiller ausziehen
désirer wünschen
détour Umweg, m
devant vor; vorne
devenir werden
déviation Umleitung, f
devises Valuta, pl; Devisen, pl
devoir müssen; sollen
dialecte Dialekt, m
diarrhée Durchfall, m
dictionnaire Wörterbuch, n
difficile schwierig
dîner Abendessen, n
dire sagen
direction Richtung, f
disputer streiten
disque Schallplatte, f
document Dokument, n
doigt Finger, m
donner geben
dormir schlafen
douane Zoll, m
douleur Schmerz, m
drap Laken. n
droit Recht, n
dur(e) hart
durer dauern

E

eau Wasser, n
eau-de-vie Schnaps, m
échanger umtauschen; wechseln
école Schule, f
écolier, écolière Schüler(in)
économiser sparen
écrire schreiben
église Kirche, f
embrasser küssen
employé(e) Angestellte(r)
empreinter qch (à) sich leihen (von)
en arrière zurück
en bas unten
en dessous de unter
en haut oben
en panne kaputt
enceinte schwanger
encore (une fois) noch (einmal)
endroit Stelle, f; Ort, m
endroit (géographique) Lage, f
enfant Kind, n
enlever un véhicule abschleppen
ennuyeux(se) langweilig
enseigner unterrichten
ensemble zusammen
entendre hören
entier(ère) ganz
entre zwischen
entrée Eingang, m
entremise Vermittlung, f
entrer eintreten
entretien Unterhaltung, f
enveloppe Briefumschlag, m
environ etwa
environnement Umwelt, f
environs Umgebung, f
envoyer schicken, senden
épice Gewürz, n
épicé(e) scharf
épouse Ehefrau
époux Ehemann
escalier Treppe, f
espérer hoffen
essayer versuchen
essence Benzin, n
est Osten, m
et und
étage Etage, f
été Sommer, m
étranger Ausland, n; Ausländer, m
étranger(ère) fremd; ausländisch
être sein
être assis sitzen
être couché liegen
être d'accord avec einverstanden
être debout stehen
être en retard sich verspäten
être enrhumé(e) erkältet sein
étudiant Student, m
événement Ereignis, n
exact(e) richtig
excellent(e) ausgezeichnet
exemple Beispiel, n
expliquer erklären
exposition Ausstellung, f

F

facile einfach; leicht
facture Rechnung, f
faire machen; tun
faire de la randonnée wandern
faire la course laufen; rennen
faire le ménage sauber machen
faire mal schmerzen
faire souffrir quälen
faire un lapsus sich versprechen
famille Familie, f
fatigué(e) müde
faute Fehler, m
faux (fausse) falsch
féliciter gratulieren
féminin(e) weiblich
femme (au foyer) (Haus-)Frau, f
fenêtre Fenster, n
ferme fest
ferry Fähre, f
fête Fest, n; Feier, f
fêter feiern
feu Feuer, n
feuille Blatt, n
fièvre Fieber, n
fil Faden, m
fille Mädchen, n; Tochter, f
fils Sohn, m
fin Ende, n
fini(e) fertig
fleur Blume, f
flirter flirten
folklore Folklore, f
forêt Wald, m
formulaire Formular, n
fort(e) stark; laut
four Tag, m
fourchette Gabel, f
frais, fraîche kühl; frisch
frère Bruder, m
frères et sœurs Geschwister, pl
froid(e) kalt
frontière Grenze, f
fruit Frucht, f; Obst, n
fumer rauchen

G

gagner (de l'argent) verdienen
gaiement fröhlich
garçon Junge, m
gare Bahnhof, m
garer, se garer parken
gaz Gas, n
geler frieren
gens Leute, pl
glace (crème glacée) Eis, n
goûter (essayer) kosten; probieren
grammaire Grammatik, f
gramme Gramm, n
grand(e) groß
grand-mère Großmutter, f
grand-père Großvater, m
gratuit(e) kostenlos
grippe Grippe, f
gros (grosse) dick
groupe Gruppe, f

H

habitant Einwohner, m
habiter wohnen
haut(e) hoch
hébergement Unterkunft, f; Quartier
herbe Gras, n
heure Stunde, f
heureux(se) glücklich
hier gestern
histoire Geschichte, f
hiver Winter, m
homme Mensch, m; Mann, m
hôpital Krankenhaus, n
horaire Fahrplan, m
horloge Uhr, f
hors (de) aus
hospitalité Gastfreundschaft, f
hôte, hôtesse Gastgeber(in)
hôtel Hotel, n
huile Öl, n
humide feucht
hygiéne Hygiene, f

A

ici hier
île Insel, f
image Bild, n
important(e) wichtig
importation Einfuhr, f
incendie Brand, m
inconnu(e) unbekannt
indicatif téléfonique Vorwahlnummer
industrie Industrie, f
information Information, f
innocent(e) unschuldig
insecte Insekt, n
intelligent(e) klug
interdit(e) verboten
intéressant(e) interessant
international(e) international
interprète Dolmetscher(in), m/(f)
invitation Einladung, f
invité Gast, m
inviter einladen
ivre betrunken

A

jamais niemals
jardin Garten, m
jeune jung
jouer spielen
jouet Spielzeug, n
journal Zeitung, f
journalier(ère) täglich

Lexique Français - Allemand

journaliste Journalist, m
jusque bis

L

là da
là-bas dort; dorthin
lac See, m
lampe Lampe, f
langue (étrangère) (Fremd-)Sprache
large breit
laver waschen
léger/légère leicht
légume Gemüse, n
lentement langsam
lettre Brief, m; Buchstabe, m
lever heben
libre frei
lieu Ort, m; Stelle, f
lire lesen
lit Bett, n
livre Buch, n
logement Wohnung, f
loi Gesetz, n
loin weit; fern
long(ue) lang
longtemps lange
lorsque als
louer mieten; vermieten; verleihen
lumière Licht, n
lunette Brille, f

M

Madame Frau, f
Mademoiselle Fräulein, n
magasin Geschäft, n; Laden, m
maillot de bain (homme) Badehose, f
maillot de bain (femme) Badeanzug, m
maintenant jetzt
mais aber
maison Haus, n
malade krank
maladie Krankheit, f
manger essen
marchander feilschen
marchandise Ware, f
marché Markt, m
mari Ehemann, m
mariage Hochzeit, f
matin Morgen, m
matinée Vormittag, m
mationalité Nationalität, f
mauvais(e) schlecht
médecin Arzt, m
médicament Medikament, n
mémoire Andenken, n
mentir lügen
mer Meer, n
merci danke
mère Mutter, f
message Botschaft, f
mettre stellen; legen
midi Mittag, m
mieux besser
mince, maigre dünn
minute Minute, f
mode Mode, f
mois Monat, m
moitié Hälfte, f
montagne Berg, m; Gebirge, n
monter einsteigen
montre Uhr, f
montrer zeigen
monument Denkmal, n
monuments Sehenswürdigkeiten, pl
morceau Stück, n; Bissen, m
mort Tod, m
mort(e) tot
mot Wort, n
moteur Motor, m
moto Motorrad, n
mouillé(e) nass
multicolore bunt
mur Wand, f
mûr(e) reif
musée Museum, n
musique Musik, f

N

nager schwimmen
nationalité Staatsangehörigkeit , f
nature Natur, f
naturel(le) natürlich
nécessaire notwendig
neuf(ve) neu
ne ... pas nicht
nom (de famille) (Familien-)Name
nord Norden, m
normal(e) normal
note Rechnung, f
nourrir sterben
nouvelle Nachricht, f
nu(e) nackt
nuit Nacht, f
nulle part nirgendwo/hin
numéro Nummer, f

O

offenser beleidigen
oiseau Vogel, m
on man
oncle Onkel, m
or Gold, n
orage Gewitter, n
ordures Müll, m
organe Organ, n
organiser organisieren
ou oder
où wo; wohin
oublier vergessen
ouest Westen, m
ouvrier(ère) Arbeiter(in)
ouvrir öffnen
œuf Ei, n

P

pain Brot, n
paire Paar, n
paix Frieden, m
palais Palast, m
panne Panne, f
papier Papier, n
papier hygiénique Toilettenpapier, n
paquet Paket, n
par durch (hindurch)
parapluie Regenschirm, m
parc Park, m
parce que weil
pareil(le)(s) solch(e,er,es)
parent Eltern, pl
paresseux(se) (personne) faul
parfois manchmal
parler sprechen; reden
partir (voyage) abreisen; abfahren
partout überall
passeport Pass, m
patient Patient, m
pause Pause, f
pauvre arm
paye Lohn, m
payer zahlen; bezahlen
pays Land, n
paysage Landschaft, f
paysan Bauer, m
peindre malen
pellicule (couleur) (Farb-)Film, m
pendant (que) während
penser denken
perdre verlieren
père Vater, m
permettre erlauben
permission Erlaubnis, f
personne niemand
personne Person, f
pesant(e) schwer
petit(e) klein
petit déjeuner Frühstück, n
petit-fils, petite-fille Enkel(in)
petits fours Gebäck, n
peu (de) wenig
peuple Volk, n
peur Angst, f
peut être vielleicht
pharmacie Apotheke, f
photographie Fotografie, f
photographier fotografieren
phrase (grammaire) Satz, m
pièce (salle) Raum, m; Zimmer, n
pièce de rechange Ersatzteil, n
pied Fuß, m
pierre Stein, m
pile Batterie, f
piqûre Spritze, f
place Platz, m
plage Strand, m
plaie Wunde, f
plaire gefallen
plan Plan, m
plante Pflanze, f
plat Speise, f
plein(e) voll
pleurer weinen
pluie Regen, m
plus mehr
pneu Reifen, m
poche Tasche, f
poids Gewicht, n
poison Gift, n
poisson Fisch, m
poitrine Brust, f
poli(e), poliment höflich
police Polizei, f
politique Politik, f
pommade Salbe, f
pont Brücke, f
port Hafen, m
porte Tür, f
porter tragen
poser legen
possible möglich
poste de radio Radiogerät, n
pour für; um zu
pour cette raison deshalb
pour que damit
pourboire Trinkgeld, n
pourquoi warum
pourri(e) (fruit, légume) faul
pouvoir können
précis(e), précisément genau
prendre nehmen
prendre congé sich verabschieden
prendre son petit déjeuner frühstücken
prénom Vorname, m
préparer vorbereiten
près nah
préservatif Kondom, n
prêter (à) verleihen (an)
preuve Beweis, m
prévenir benachrichtigen
prièr bitten
prière Bitte, f
printemps Frühling, m
prison Gefängnis, n
privé(e) privat
prix (du transport) (Fahr-)preis, m
problème Problem, n
prochaine fois nächstes Mal
proche, serré(e) eng
professeur Lehrer(in)
profession Beruf, m
profond(e) tief
programme Programm, n
prononciation Aussprache, f
proposer vorschlagen
propre sauber
propriétaire Besitzer, m
propriété Eigentum, n
prospectus Prospekt, m
punir bestrafen
punition Strafe, f
pus Eiter, m

Lexique Français - Allemand

Q

quai Bahnsteig, m
qualité Qualität, f
quantité Menge, f; Quantität, f
quand wann; wenn
que dass; als (comparaison)
quelque einige
quelque chose etwas
quelqu'un jemand
question Frage, f
qui, qui est-ce qui wer
quoi, (qu'est-)ce que was

R

raconter erzählen
rapide schnell
rare selten
rassasié(e) satt
rassembler sammeln
recevoir erhalten; empfangen
récipient Gefäß, n
réduction Ermäßigung, f
réfrigérateur Kühlschrank, m
région Gegend, f
relever heben
remarquer registrieren
remercier danken
rencontrer treffen; begegnen
rendez vous Verabredung, f
rendre visite à besuchen
renseignement Auskunft, f
réparer reparieren
répéter wiederholen
répondre antworten
réponse Antwort, f
réserver reservieren; buchen
restant(e) übrig
restaurant Restaurant, n
rester bleiben
retenir merken, sich
retour Rückfahrt, f
rétrograde rückständig
réveiller wecken
riche reich
rien nichts
rire (de qch) lachen (über etw.)
rivière Fluss, m
rue, route Straße, f
ruelle Gasse, f

S

sable Sand, m
sac à dos Rucksack, m
sac de couchage Schlafsack, m
sain(e) gesund
saison Jahreszeit, f
salaire Lohn, m
sale schmutzig
salle de bain Badezimmer, n
saluer grüßen
salut tschüß
sans ohne
santé Gesundheit, f
satisfait(e) zufrieden
savoir wissen; können
savon Seife, f
savoureux(se) schmackhaft
s'amuser sich vergnügen
s'arrêter anhalten
s'asseoir sich setzen
se baigner baden
se dépêcher sich beeilen
se donner rendez vous sich verabreden
s'embrasser sich begrüßen
s'excuser sich entschuldigen
s'exercer à travailler üben
s'habituer (à) sich gewöhnen (an)
s'imaginer sich etwas vorstellen
s'informer sich informieren
s'intéresser (à) sich interessieren (für)
se laver sich waschen
se lever aufstehen
se perdre sich verirren
se plaindre sich beschweren
se présenter (à) sich vorstellen
se réjouir sich freuen
se remettre sich erholen
se réveiller aufwachen
se sentir sich fühlen
se souvenir sich erinnern
sécher trocken
seconde Sekunde, f
séjour Aufenthalt, m
sel Salz, n
semaine Woche, f
sensation, sentiment Gefühl, n
serpent venimeux Giftschlange, f
serré(e) fest
serviette périodique Damenbinde, f
seul(e) allein
seulement nur
si ob; falls
signer unterschreiben
silence Ruhe, f
simple einfach
société Gesellschaft, f
soi-même selbst
soie Seide, f
soif Durst, m
soir Abend, m
soleil Sonne, f
sombre dunkel
somme Summe, f
sortie Ausgang, m
soudain plötzlich
soûl(e) betrunken
soupe Suppe, f
sourire lächeln
souvent oft
sœur Schwester, f
sparadrap Heftpflaster, n
sport Sport, m

station de réparation Autowerkstatt, f
station-service Tankstelle, f
style Stil, m
succès Erfolg, m
sucré(e) süß
sud Süden, m
suisse Schweizer(in)
Suisse Schweiz, f
sur auf
sûr(e) sicher

T

tabac Tabak, m
tableau Bild, n; Gemälde, n
taille (vêtement) Größe, f
tandis que während
tante Tante, f
tard spät
taxe Gebühr, f
télégramme Telegramm, n
téléphone Telefon, n
téléphoner telefonieren
télévision Fernsehgerät, n
temps Zeit, f (époque); Wetter, n
tenir halten
tente Zelt, n
tenue Kleidung, f
terminer beenden
terre Erde, f
théâtre Theater, n
ticket Fahrkarte, f
timbre Briefmarke, f
tirer schießen
tissu Stoff, m
toilettes Toilette, f
toit Dach, n
tomber amoureux(se) sich verlieben
tôt früh
toujours immer
tour Turm, m
tout alles
tout de suite sofort
tout droit geradeaus
tradition Tradition, f
traducteur Übersetzer, m
traduire (langue) übersetzen
train Zug, m
traiter (hôpital) behandeln
tramway Straßenbahn, f
transpirer schwitzen
travailler arbeiten
travailleur(se) (adjectif) fleißig
triste traurig
tromper betrügen
trop zuviel
trop (+ adjectif) zu (+ Adjektiv)
trou Loch, n
trouver finden
tuer töten

U

une fois einmal
université Universität, f
urgent(e) dringend
usine Fabrik, f

V

vacances Ferien, pl; Urlaub, m
vacciner impfen
valable gültig
valise Koffer, m
vallée Tal, n
véhicule Fahrzeug, n
vendre verkaufen
venir kommen
vent Wind, m
véritable echt
verre Glas, n
vers (direction) nach
vexer beleidigen
viande Fleisch, n
vide leer
vie Leben, n
vieux alt
vieux, vieille Alte(r)
village Dorf, n
ville Stadt, f
virement Überweisung, f
vis-à-vis gegenüber
visite Besuch, m
visite guidée Führung, f
visiter besichtigen
vite schnell
vivre leben
voir sehen
voiture Wagen, m
voix Stimme, f
vol Diebstahl, m
voler fliegen
vouloir wollen
voyage Reise, f
voyager reisen
vrai(e) wahr

Lexique Allemand - Français

Certains verbes allemands sont accompagnés d'une indication particulière:
- **(+ datif)** *signifie que le verbe entraine le datif*
- **(+ sein)** *signifie que le verbe se conjugue avec l'auxiliaire* **sein** (être) *au passé composé*
- *la barre transversale (/), «slash», se trouve entre le préfixe et la racine de certains verbes et indique qu'il s'agit là d'un verbe à préfixe séparable.*

A

Abend soir
Abendessen dîner
aber mais
abfahren (+ sein) démarrer, partir
abfliegen (+ sein) décoller
abreisen (+ sein) partir (en voyage)
abschleppen dépanner, enlever un véhicule
Adresse adresse
Alkohol alcool
allein seul(e)
alles tout
als lorsque (événement dans le temps); que (comparaison)
alt (nicht jung) vieux, vieille; agé(e)
alt (nicht neu) ancien(ne)
Alte(r) vieux, vieille
Alter âge
Andenken mémoire
an/fangen commencer
Angestellte(r) employé(e)
Angst peur
an/halten s'arrêter
an/kommen (+ sein) arriver
Ankunft arrivée
Antwort réponse
antworten (+ datif) répondre
Apotheke pharmacie
arbeiten travailler
Arbeiter(in) ouvrier(ère)
arm pauvre
Arzt médecin
auch aussi
auf sur
Aufenthalt séjour
aufhören arrêter
aufstehen (+ sein) se lever
aufwachen (+ sein) se réveiller
aus hors (de)
Ausfuhr exportation
Ausgang sortie
ausgezeichnet excellent(e)
Auskunft renseignement
Ausland étranger
Ausländer étranger
ausländisch étranger(ère)
Ausreise sortie (du territoire)
Aussprache prononciation
aussteigen (+ sein) descendre
Ausstellung exposition
Ausweis carte d'identité
aus/ziehen déshabiller
Auto auto, voiture
Autowerkstatt station de réparation

B

Badeanzug maillot de bain (de femme)
Badehose maillot de bain (d' homme)
baden se baigner
Badezimmer salle de bain
Bahnhof gare
Bahnsteig quai
bald bientôt
Bank (Geld) banque (argent)
Bargeld argent liquide
Batterie pile, batterie
bauen construire
Bauer paysan, fermier
Baum arbre
beeilen, sich se dépêcher
beenden terminer
begleiten accompagner
begrüßen accueillir
begrüßen, sich s'embrasser
behandeln traiter (hôpital)
Behörde administration
bei chez, à
Beispiel exemple
bekanntmachen, sich se présenter
beleidigen vexer, offenser
benachrichtigen prévenir
Benzin essence
Berg montagne
Beruf profession
berühmt célèbre
beschweren, sich se plaindre
besichtigen visiter
Besitzer propriétaire
besser mieux
bestellen commander
Bestellung commande
bestrafen punir
Besuch visite
besuchen rendre visite à
betrügen tromper
betrunken soûl(e), ivre
Bett lit
Bettzeug couette et oreiller
bevor avant

Beweis preuve
bezahlen payer
Bier bière
Bild image, tableau, photo
billig bon marché
bis jusque
bisschen peu de
Bitte prière, s'il vous plaît
bitten prière, demander
Blatt feuille
bleiben (+ sein) rester
Bleistift crayon (à papier)
Blume fleur
Boot bateau
Botschaft ambassade, message
Brand incendie
Brauch coutume
brauchen avoir besoin de
breit large
brennen brûler
Brief lettre
Briefmarke timbre
Briefumschlag enveloppe
Brille lunette
bringen apporter
Brot pain
Brücke pont
Bruder frère
Brust poitrine, thorax
Buch livre
buchen réserver
Buchstabe lettre (caractère)
bunt multicolore
Burg château
Bürger citoyen
Büro bureau

D

da là
Dach toit
Damenbinde bande, serviette périodique
damit avec cela/ça, pour que
danach après cela
danke merci
danken (+ datif) remercier
dann alors
darum autour, c'est pourquoi
dass que
Datum date
dauern durer
Decke couverture
dein/e ton, ta, tes
denken penser
Denkmal monument
deshalb pour cette raison, c'est pour cela que
deutsch allemand (adjectif)
Deutsche(r) allemand(e) (personne)
Deutschland Allemagne
Dialekt dialecte
dick gros (grosse)
Diebstahl vol
diese(r,s) ce, cette, cet, ces
Ding chose
Diskothek boîte de nuit
Dokument document
Dolmetscher interprète
Dorf village
dort; dorthin là-bas
dringend urgent(e)
dumm bête (adjectif)
dunkel sombre
dünn mince, maigre
durch (hindurch) par, à travers
Durchfall diarrhée
dürfen avoir le droit, avoir la permission
Durst soif

E

echt véritable
Ehefrau épouse
Ehemann époux, mari
Ehepaar couple marié
Ei œuf
Eigentum propriété
einander les uns, les autres
Einbruch cambriolage
einfach facile; simple
Einfuhr importation
Eingang entrée
einige quelque
ein/laden inviter
Einladung invitation
einmal une fois
ein/steigen (+ sein) monter
ein/treten (+ sein) entrer
einverstanden être d'accord avec
Einwohner habitant
Eis glace (crème glacée)
Eisenbahn chemin de fer
Eiter pus
Eltern parent
empfangen recevoir
empfehlen conseiller
Ende fin
eng proche, serré(e)
englisch anglais
Enkel(in) petit-fils, petite-fille
entscheiden décider
entschuldigen, sich s'excuser
Erde terre
Ereignis événement
Erfolg succès
erhalten recevoir
erholen, sich se remettre
erinnern, sich se souvenir
erkältet sein être enrhumé(e)
erklären expliquer
erlauben autoriser, permettre
Erlaubnis autorisation, permission
Ermäßigung réduction
Ersatzteil pièce de rechange
erzählen raconter
essen manger
Etage étage
etwa environ

Lexique Allemand - Français

etwas quelque chose
euer/e votre, vos

F

Fabrik usine
Faden fil
Fähre ferry, bac
fahren (+ sein) conduire, aller
Fahrkarte billet, ticket
Fahrplan horaire
Fahrpreis prix du transport
Fahrrad bicyclette
Fahrzeug véhicule
falsch faux (fausse)
Familie famille
Familienname nom de famille
Farbe couleur
Farbfilm pellicule couleur
faul pourri(e) (fruit, légume)
faul paresseux(se) (personne)
Fehler faute
Feier fête
feiern fêter
feilschen marchander
Feld champ
Fenster fenêtre
Ferien vacance
fern loin
Fernsehgerät télévision
fertig fini(e)
fest serré(e), ferme
Fest fête
feucht humide
Feuer feu
Fieber fièvre
Film film, pellicule
finden trouver
Finger doigt
Fisch poisson
Flasche bouteille
Fleisch viande
fleißig travailleur(se) (adjectif)
fliegen (+ sein) voler
flirten flirter
Flughafen aéroport
Flugticket billet d'avion
Flugzeug avion
Fluss rivière
Folklore folklore
Formular formulaire
Fotoapparat appareil photo
Fotografie photographie
fotografieren photographier
Frage question
fragen demander
Frau Madame, femme
Fräulein Mademoiselle
frei libre
fremd étranger(ère)
freuen, sich se réjouir
Freund(in) ami, amie
freundlich amical(e)
Freundschaft amitié
Frieden paix
frieren avoir froid, geler
frisch (Obst) frais (fruit)
fröhlich gaiement
Frucht fruit
früh tôt
Frühling printemps
Frühstück petit déjeuner
frühstücken prendre son petit déjeuner
fühlen, sich se sentir
Führung direction; visite guidée
für pour
fürchten, sich (vor) avoir peur (de)
Fuß pied

G

Gabel fourchette
ganz entier(ère)
Garten jardin
Gas gaz
Gasse ruelle
Gast invité
Gastfreundschaft hospitalité
Gastgeber hôte, hôtesse
Gaststätte auberge
Gebäck petits fours
Gebäude bâtiment
geben donner
Gebirge montagne
Gebühr taxe, redevance, péage
Geburtstag anniversaire
gefährlich dangereux(se)
gefallen (+ datif) plaire
Gefängnis prison
Gefäß récipient
Gefühl sentiment, sensation
gegen contre
Gegend région, alentours
gegenüber vis-à-vis
gehen (+ sein) aller
Geld argent
Gemüse légume
gemütlich chaleureux(se)
genau précis(e), précisément
genug assez
Gepäck bagages
geradeaus tout droit
gern avec plaisir, bien
Geschäft affaire (activité); magasin
Geschenk cadeau
Geschichte histoire
Geschwister frères et sœurs
Gesellschaft sociéte
Gesetz loi
Gespräch conversation
gestern hier
gesund sain(e), en bonne santé
Gesundheit santé
Getränk boisson
Gewicht poids
Gewitter orage
gewöhnen, sich (an) s'habituer (à)
Gewürz épice
Gift poison
Giftschlange serpent venimeux

Glas verre
glauben croire
Glück chance, bonheur
glücklich heureux(se)
Gold or
Gott Dieu
Gramm gramme
Grammatik grammaire
Gras herbe
gratulieren (+ datif) féliciter
Grenze frontière
Grippe grippe
groß grand(e)
Größe taille (vêtement, etc ...)
Großmutter grand-mère
Großvater grand-père
Gruppe groupe
grüßen saluer
gültig valable
gut bien, bon(ne)

H

haben avoir
Hafen port
Hälfte moitié
halten tenir
Haltestelle arrêt
Handel commerce
hart dur(e)
Haus maison
Hausfrau femme au foyer
heben lever, relever, améliorer
Heftpflaster sparadrap
heiß chaud(e)
helfen (+ datif) aider
hell clair(e)
Herbst automne
Herr Monsieur
herzlich cordial(e), sincère
heute aujourd'hui
hier ici
Hilfe aide
hinten à la fin, au fond, à l'arrière
hinter derrière
hoch haut(e)
Hochzeit mariage
hoffen espérer
höflich poli(e), poliment
Holz bois
hören entendre
Hotel hôtel
hungrig sein avoir faim
Hygiene hygiéne

I

ihr son, sa, leur
immer toujours
impfen vacciner
in dans, à, en (période/lieu)
Industrie industrie
Information information
informieren, sich s'informer
Insekt insecte
Insel île
interessant intéressant(e)
interessieren, sich (für) s'intéresser
international international(e)

J

ja oui
Jahr an, année
Jahreszeit saison
jährlich annuel(le)
jeder chaque, chacun
jedesmal chaque fois
jemand quelqu'un
jener ce ... (là), cette ... (là), cet ... (là)
jetzt maintenant
Journalist journaliste
jung jeune
Junge garçon

K

kalt froid(e)
kaputt cassé(e), en panne
Karte carte
Kasse caisse
kaufen acheter
kennen connaître
Kind enfant
Kino cinéma
Kirche église
Kleidung tenue
klein petit(e)
klug intelligent(e)
Kneipe bistrot
kochen préparer (un repas), cuisiner, bouillir
Koffer valise
kommen (+ sein) venir
kompliziert compliqué(e)
Kondom préservatif
können pouvoir, savoir
Konsulat consulat
kontrollieren contrôler
Konzert concert
kosten goûter (essayer), coûter
kostenlos gratuit(e)
krank malade (adjectif)
Krankenhaus hôpital
Krankheit maladie
kühl frais, fraîche
Kühlschrank réfrigérateur
Kunst art
kunstgewerbliche Waren objets décoratifs
kurz court
küssen embrasser (la bise)

L

lächeln sourire
lachen (über etwas) rire (de qch)
Lage endroit (géographique)
Laken drap

Lampe lampe
Land pays
Landkarte carte (géographique)
Landschaft paysage
Landwirtschaft agriculture
lang long(ue) (distance), longtemps (temps)
langsam lentement
langweilig ennuyeux(se)
laufen (+ sein) courir, faire la course
laut bruyant(e), fort(e)
leben vivre
Leben vie
Lebensmittel denrée alimentaire
ledig célibataire
leer vide
legen mettre, poser, coucher (qch,q)
Lehrer(in) professeur
leicht léger
leihen, sich (von) empreinter qch (à)
lernen apprendre
lesen lire
Leute gens
Licht lumière
lieben aimer
Lied chanson
liegen être couché, reposer
links à gauche
Loch trou
Löffel cuillère, cuiller
Lohn, Gehalt salaire, paye
lügen mentir
lustig amusant(e)

M

machen faire
Mädchen fille
malen peindre
man on
manchmal parfois
Mann homme
Markt marché
Medikament médicament
Meer mer
mehr plus
mein/e mon, ma, mes
Menge, Quantität quantité
Mensch homme, être humain
merken, sich retenir
Messer couteau
mieten louer
Minute minute
mit avec
Mittagessen déjeuner
Mittag midi
Mode mode
möglich possible
Monat mois
morgen demain
Morgen matin
Motor moteur
Motorboot bateau à moteur
Motorrad moto
müde fatigué(e)
Müll ordures
Museum musée
Musik musique
müssen devoir
Mutter mère

N

nach vers, à (direction); après (temps)
Nachmittag après-midi
Nachricht nouvelle (information)
nächstes Mal prochaine fois
Nacht nuit
nackt nu(e)
Nadel aiguille
nah près
Name nom
nass mouillé(e)
Nationalität nationalité
Natur nature
natürlich naturel(le)
neben à côté
nehmen prendre
nein non
neu neuf(ve)
neugierig curieux(se)
nicht ne ... pas
nichts rien
niedrig bas (basse)
niemals jamais
niemand personne
nirgendwo/hin nulle part
noch einmal encore une fois
noch encore
Norden nord
normal normal(e)
notwendig nécessaire
Nummer numéro
nur seulement

O

ob si
oben en haut
Obst fruit
oder ou
öffnen ouvrir
oft souvent
ohne sans
Öl huile
Onkel oncle
Organ organe
organisieren organiser
Ort lieu
Osten est (contraire d'ouest)
Österreich Autriche
Österreicher(in) autrichien(ne)

P

paar quelques
Paar couple, paire

Päckchen petit paquet
Paket paquet
Palast palais
Panne panne
Papier papier
Park parc
parken garer, se garer
Pass passeport
Patient patient
Pause pause
Person personne
Pflanze plante
Plan plan
Platz place
Platzkarte affiche
plötzlich soudain
Politik politique
Polizei police
Post(amt) (bureau de) poste
Postkarte carte postale
Preis prix
privat privé(e)
probieren essayer
Problem problème
Programm programme
Prospekt prospectus
pünktlich à l'heure

Q

quälen faire souffrir
Qualität qualité
Quartier hébergement

R

Radiogerät (poste de) radio
Rat conseil
rauchen fumer
Raum pièce (salle)
rechnen calculer
Rechnung note, facture, calcul
Recht droit
rechts à droite
reden parler
Regen pluie
Regenschirm parapluie
registrieren remarquer
reich riche
reif mûr(e), prêt(e)
Reifen pneu
Reise voyage
Reisebüro agence de voyages
reisen (+ sein) voyager
reparieren réparer
reservieren réserver
Restaurant restaurant
Rettungswagen ambulance
richtig exact(e)
Richtung direction
roh cru(e)
Rückfahrt retour
Rucksack sac à dos
rückständig rétrograde, arriéré(e)
rufen appeler, crier
Ruhe silence

S

Sache affaire
sagen dire
Salbe pommade
Salz sel
sammeln rassembler, collectionner
Sand sable
satt rassasié(e)
Satz phrase (grammaire)
sauber propre
sauber machen faire le ménage
sauer acide, aigre, tourné(e) (lait)
Schallplatte disque
scharf coupant(e); épicé(e); super
Scheck chèque
Schere ciseaux (m, pl)
schicken, senden envoyer
schießen tirer
Schiff bateau
schlafen dormir
Schlafsack sac de couchage
Schlafzimmer chambre à coucher
schlagen battre
schlecht mauvais(e)
Schloss château (bâtiment)
Schlüssel clef, clé
schmackhaft savoureux(se)
Schmerz douleur
schmerzen faire mal
Schmuck bijou
schmutzig sale
Schnaps eau-de-vie
schnell rapide, vite
schon déjà
schön beau, belle
schreiben écrire
Schuh chaussure
schuldig coupable
Schule école
Schüler(in) écolier, écolière
schwanger enceinte
Schweiz Suisse
Schweizer(in) suisse
schwer pesant
Schwester sœur
schwierig difficile; compliqué(e)
schwimmen nager
schwitzen transpirer
See lac, mer
sehen voir
Sehenswürdigkeiten monuments, curiosités
Seide soie
Seife savon
Seil corde
sein (+ sein) être
sein/e son, sa, ses
seit depuis
Seite côté (direction); page
Sekunde seconde

Lexique Allemand - Français

selbst soi-même, lui-/elle-même
selten rare
setzen, sich s'asseoir
sicher sûr(e)
Silber argent (métal)
singen chanter
sitzen être assis
sitzen, passen aller (vêtement)
so comme ça
sofort tout de suite
Sohn fils
solch(e,er,es) pareil(le)(s)
sollen devoir (être obligé de)
Sommer été
Sonne soleil
sparen économiser
spät tard
spazierengehen aller se promener
Speise plat
Speisekarte carte (des menus)
spielen jouer
Spielzeug jouet
Sport sport
Sprache langue (étrangère)
sprechen parler
Spritze piqûre
Staatsangehörigkeit nationalité
Stadt ville
stark fort(e)
stehen être debout
Stein pierre
Stelle, Ort endroit, lieu
stellen mettre debout
sterben (+ sein) mourir
Stimme voix
Stoff tissu
stören déranger
Strafe punition
Strand plage
Straße rue, route
Straßenbahn tramway
Streichhölzer allumettes
streiten disputer
Stück morceau, bout
Student étudiant
Stunde heure
suchen chercher
Süden sud
Summe somme
Suppe soupe
süß sucré(e)

T

Tabak tabac
Tablette comprimé
Tag four
täglich journalier(ère)
Tal vallée
Tankstelle station-service
Tante tante
tanzen danser
Tasche poche
Taxi taxi
Telefon téléphone
telefonieren téléphoner
Telegramm télégramme
teuer cher, chère
Theater théâtre
tief profond(e)
Tier animal
Tochter fille
Tod mort
Toilette toilettes
Toilettenpapier papier hygiénique
tot mort(e)
töten tuer
Tradition tradition
tragen porter
traurig triste
treffen rencontrer
Treppe escalier
trinken boire
Trinkgeld pourboire
trocken sécher
tschüß salut
tun faire
Tür porte
Turm tour

U

üben s'exercer à travailler
über après (temps), au-dessus
überall partout
übermorgen après-demain
übersetzen traduire (langue)
Übersetzer traducteur
Überweisung virement
übrig restant(e)
Uhr horloge, montre, heure
um autour de
um zu ... pour ...
Umgebung environs
Umleitung déviation
um/tauschen échanger
Umweg détour
Umwelt environnement
unbekannt inconnu(e)
und et
Unfall accident
Universität université
unschuldig innocent(e)
unser/e notre, nos
unten en bas
unter en dessous de
Unterhaltung entretien
Unterkunft hébergement
unterrichten enseigner
unterschreiben signer
Urlaub vacances

V

Valuta, Devisen devises
Vater père
verabreden (sich) se donner rendez-vous
Verabredung rendez-vous
verabschieden, sich prendre congé

verboten interdit(e)
Verbrechen crime
verdienen gagner (de l'argent)
vergessen oublier
vergnügen, sich s'amuser
verirren, sich se perdre
verkaufen vendre
verleihen (an) prêter (à), louer (à)
verletzt blessé(e)
Verletzung blessure
verlieben, sich tomber amoureux(se)
verlieren perdre (qch)
vermieten louer
Vermittlung entremise
Versicherung assurance
verspäten, sich être en retard
versprechen, sich faire un lapsus
verstehen comprendre
versuchen essayer
viel beaucoup
vielleicht peut être
Vogel oiseau
Volk peuple
voll plein(e)
von de
vor devant
vor/bereiten préparer
vorgestern avant-hier
vorher avant, auparavant
Vormittag matinée
Vorname prénom
vorne devant
vor/schlagen proposer
vor/stellen s'imaginer
vor/stellen, sich se présenter
Vorwahlnummer indicatif téléphonique

W

Wagen voiture
wahr vrai(e)
während pendant (que), tandis que
Wald forêt
Wand mur
wandern (+ sein) faire de la randonnée
wann quand
Ware marchandise
warm chaud(e)
warten attendre
warum pourquoi
was quoi, (qu'est-)ce que
waschen, (sich) (se) laver
Wasser eau
Watte coton hydrophile
wechseln changer, échanger
wecken réveiller
Weg chemin
wegen à cause de
weiblich féminin(e)
weil parce que
weinen pleurer
weit loin
welcher quel, quelle, quels, quelles
wenig peu (de)
wenn quand (lorsque), si (si jamais)
wer qui, qui est-ce qui
werden (+ sein) (verbe servant à la fonction du futur); devenir
wessen de qui
Westen ouest
Wetter temps
wichtig important(e)
wie comment, comme
wieder de nouveau, encore
wiederholen répéter
wieviel combien
Wind vent
Winter hiver
wissen savoir
wo où
Woche semaine
woher d'où
wohin où
wohnen habiter
Wohnung logement, appartement
wollen vouloir
Wort mot
Wörterbuch dictionnaire
Wunde plaie
wünschen désirer, vouloir

Z

zahlen payer
Zahnarzt dentiste
Zahnpasta dentrifice
zeigen montrer
Zeit temps (époque)
Zeitung journal
Zelt tente
Zentrum centre
Zigarette cigarette
Zimmer chambre, pièce
Zoll douane
zu (+ Adjektiv) trop (adjectif)
zu Fuß à pied
zufrieden satisfait(e)
Zug train
zurück en arrière, derrière
zusammen ensemble
zuviel trop
zwischen entre

L'auteur

Née en 1962 dans la banlieue lyonnaise, diplômée des Beaux-Arts en 1985, Catherine Raisin décide alors d'exercer sa profession en qualité d'illustratrice, en Allemagne (Bielefeld) où elle séjournera sept ans.

Parallèlement, elle côtoie diverses formations de musique synthétique et travaille en studio en tant que compositeur.

De retour en France, elle s'installe à Lyon ou elle continue d'exercer sa profession initiale en free-lance.